ネコが教える
お金の話

Sakie Ariga
有我 咲英 著

VOICE

目次

序章……9
金というのは貴重なものだ。ところが、世の中には、往々間違った考えにとらわれて、この人生に最も大切な金を頭から否定してかかる手合がある。

第一章……23
実際、いかなる不運、不幸も、不景気も、決してそれが永久的につづくものではない。時計の振り子のごとく、また波の起伏のごとく、やがては元に戻るものである。

第二章……47
金儲けは理屈でなくて、実際である。計画でなくて、努力である。予算でなくて、結果である。その秘伝はとなると、やっぱり根本的な心構えの問題となる。

第三章　本来人間は、前途に大きな目標なり、目的なりがあるときは、それに対応する闘志を生ずるものである。……65

第四章　幸福とは、自己の努力によって健全なる欲望が満たされ、精神、肉体共に愉快を覚ゆる状態を指し、しかも、それが自己の健康と社会の希望に反しない場合をいう。……79

第五章　私はこのままならぬ世の中を処して、これをままにするただ一つの秘法を知っている。それは、この世の中を、ままならぬまま、在るがままに観じて、避けず、おそれず、自らの努力を、それに適応させていくことである。……99

第六章　人は学校をもってのみ物を学ぶ機会と考えているが、人生、学校で学び得るくらいは知れたもの、職業の精進によって初めて本当の人格は磨かれ、広汎的確な生きた知識を獲得することになるのである。……115

第七章　私も努力しさえすれば、人並み以上、天才近くにもなれるのだという自覚自信が、私の一生を、どれだけ力強く鞭撻してくれたかわからない。……129
第八章　真の幸福そのものは、比較的、進歩的のものであるから、常に耐えず新たな努力精進を要するものである。……147
第九章　人間は活動するところ、そこに必ず新しい希望生まれてくる。希望こそは人生の生命であり、それを失わぬ間は人間もムダには老いない。……167
第十章　運は気持ちで直せ。……197

第十一章……217
一つの完成は一つの自信を生じ、さらに高次的な完成を生むのであって、この完成の道程には、限りなき自己錬磨の進境が開かれてくるのである。

第十二章……233
私は常住坐臥、絶えず愉快に生きるために、毎朝目覚めると、まずきょうも生きていたことを何よりも有難くおもい、忙しければ忙しいほど仕事がたくさんできるとよろこび、日々健康に、日々愉快に働ける自分自身に感謝している。

パラパラまんが　山田くみ子

登場人物

島村美優（しまむら　みゆう）29歳

都内の小さな出版社で契約社員として働いていたが、契約更新してもらえず無職に。正社員めざして就職活動していたものの叶わず、家賃水道ガス電気代が払えなくなり、もう二度と帰らないと決めていた、田舎の実家に逃げ帰ってきた。

静六ネコ

チンチラ混じりのふさふさの長毛、昔の羽織袴姿のような黒と灰色毛のバランスが、どう見ても純潔種ではない大きなネコ。……しかしその実態は、明治の伝説の大富豪、本多静六。

美優の母

明るくて世話好きで節約好き。美優が東京から帰ってきて、再就職で正社員になれたのが嬉しくてたまらない。

美優の父

地元企業を定年退職後、近所の専業農家の農地と農機具をまるごと借りてきて、趣味と実益のスローライフを満喫している。美優に甘々。

土倉アキラ（つちくら　あきら）21歳

美優が就職した会計事務所の一人娘。東京の大学に行っていて、たまに帰省している。経済学部の学生をしつつ、海外物販サイトを使った輸出ビジネスで、かなりの利益を上げている。

渋沢一乃（しぶさわ　いちの）31歳

市役所勤務。美優が参加する地域活性化ボランティアグループのリーダー。家は農家で、市役所勤めの傍ら休日農業家をしている。

樹　紗和子（たつき　さわこ）34歳

古民家カフェ店主。東京で外資系金融関係の激務な仕事をしていたときに資金を貯めて、アパートを購入。不動産収入と株投資で利益を得ている。

静六ネコのおばあちゃん

入院中。一人暮らしの家に飼猫の静六ネコを置いていくわけにはいかないので、友人である美優の母に預かってもらっている。

序章

金というのは貴重なものだ。ところが、世の中には、往々間違った考えにとらわれて、この人生に最も大切な金を頭から否定してかかる手合がある。

「――あたし、贅沢なんかしてないし、ちゃんと働いてたのに……っ」

実家の古いベッドに寝転がり、あたしは貯金通帳と三枚の振込用紙を睨みつけた。

「残高ゼロ……」

七年間、東京で働いていたあたしの貯金通帳。残高不足で引き落としができなかった、電気水道ガス代は振込用紙になってあたしの元に届いた。

「もう……こんな貧乏するの、ぜったいに嫌！」

苛立ちをぶつけるように、通帳と三枚の振込用紙を床に投げ捨てる。

電気水道ガス、とうとう家賃まで払えなくなって、東京から田舎の実家に逃げ帰ってきた。そんな自分が情けなくて悔しくて、両手で顔を隠して泣いていたあたしの耳に、妙に間延びした声が届いた。

「おお、振込期日がとうに過ぎとる。支払うべき金を出し惜しむのは感心しないにゃあ」

「だれっ!?」

心臓がぎゅっと縮み上がるような思いで身を起こす。

部屋の隅に舞い落ちた三枚の振込用紙と通帳の側に、もふもふとしたものがいることに気づいた。

――ネコだ。

ごく普通の……いや、普通よりかなり大きくてゴージャスな、白黒グレー混じりの長毛種のネコだ。

「にゃんと、おまえはわしの声が聞こえるのか。めずらしい者がいるもんだにゃあ」

　床に落ちている三枚の振込用紙を、爪の先を使って器用に一列に並べながらいう。

　ふさふさとした白黒グレーの毛のバランス具合が、ちょうど昔の羽織袴みたいに見える。顔の両側にふっさりと垂れ下がっている毛の雰囲気も相まって、なんだかおじいちゃんみたいだ。

「……ガス、水道、電気代か。ありがたく使わせていただいたものは、ありがたくサッサと支払ってくるに限るにゃ」

「いや……でもお金なくて」

　いったい、あたしは誰と話しているんだ……と頭では思うものの、感情が追いつかない。

　あたしは、リクルートスーツと髪を後ろで一つにまとめた、いかにも就職の面接を受けてきました！　という格好のまま呆然といった。

　大きなネコが、振込用紙の横に開いた形のまま落ちていた通帳を覗き込む。

「残高ゼロ円では払いようがない、ということか。……おまえは、この家の一人娘の美優《みゆう》だろう？　今朝、東京から実家に帰ってきて、そのまま新しい仕事の面接に行ったそうだにゃ。感心感心。父君も母君も喜んでおったぞ。二十九歳で、やっと人並みの正社員になれたと」

毛並みの柄のせいか、ネコの両目がにんまりと細まって笑っているように見える。

あたしの中の、なにかがぱちんと音をたててはじけた。ベッドを飛び降りて、無我夢中でネコの前脚の下に手を入れる。

「にゃっ、にゃにをするっ!?」

じたばたする毛玉のような体をぐいっと持ち上げると、ネコの胴が驚くほど長く伸びる。そのまま片手で持ち直して、窓を力いっぱい開けた。

「待て、ここは二階にゃ!　さすがにネコの身でも、放り投げられたら老体にはキツイ!」

「うるさい!　どうせあたしは、正社員になれなかったわよ!　せっかく東京の大学行かせてもらって、こんな田舎にはもう二度と帰ってこないだろうと思ってたのに!」

必死な様子であたしの黒いリクルートスーツの肩に爪をたて、すがりついてくるネコを引き剥がそうともがく。

あたしだって、意地だ。こんなネコの話なんか――そうだ、これ、ネコだ!

「なんでネコがしゃべってるのっ!?」

「おまえ、そこに驚くの遅すぎにゃ」

顔と顔をつきあわせる距離で、ネコの灰色の目が丸くなる。あたしは、急に体の力が抜けてしまって、へたりと床の上に座り込んだ。

ネコがあたしの手をすり抜けて、足音もたてずに床の上に着地する。「まったく……」といいながら、前脚を舐めて長い毛並みの毛づくろいをはじめた。

「もうすこしで二階から庭に華麗に着地しなきゃいかんところだったにゃ。年寄りの心臓に悪いことをするもんじゃないにゃあ」

「すいません……」

なんというか、反射的に謝ってしまう。あらためて、その大きなネコの前に正座した。

「あの、一つ訊いていい？」

「――にゃんなりと」

ネコの三日月形の目が細くなる。あたしは勇気を振り絞り、膝の上で両手を握りしめた。

「あんたって、あたしの妄想なの？　あたし、東京で正社員になれなくて電気代とかも払えなくなって、ヤケになった勢いでどっかおかしくなっちゃったのかな」

言葉にすると、またどっと情けなさに襲われる。

あたし、島村美優は大学在学中に正社員の内定をもらえなかった。

東京から遠く離れた田舎に住む両親に、仕送りしてもらいながら就職浪人するわけにはいかず、ほんの少しでも正社員になれる可能性に賭けて、神保町にある小さい出版社に契約社員で滑り込んだ。

蒲田のアパートに帰るのは終電か終電逃したら始発か、みたいな生活だったけど、頑張って結果を出せば、正社員になれるかもしれないと思っていた。

それなのに社長が代替わりした途端、「これからは女性幹部を育成する方針です」とかいって、新卒の女の子を三人も採用したのだ。

あたしたち、契約社員は切られた。契約期日が来たら、延長はない。

それからは怒涛の就職活動だった。三十歳ギリギリ手前で、また契約社員や派遣社員になるのは嫌だ。頑張って仕事をしていても、会社の都合で首を切られるのはもう嫌だ。

でも、採用されない。何社受けたか覚えていないくらい受けたけど、どうしても正社員になれない。

契約社員をしている間、ほんの少しずつ貯めていた貯金は、アパートの家賃を数回払ったらほとんどなくなり、口座引き落としできなかった電気、水道、ガス代が、振込用紙になってアパートの郵便受けに届いた。

そのときあたしの財布に入っていた現金は、七千二百九十三円。アパートに届いた振込用紙の合計は、八千四百七十円。

――あたし、水道代とか払えないんだ。

そう気づいたとき、もう無理だって思った。頑張って頑張って頑張ったけど、あたしには仕事もお金もない。


ネコが、なにもいわずにふいと立ち上がる。ふさふさとした長いシッポを振りながら、床の上に三枚並んでいる振込用紙の前に座った。

「これは、東京で一人暮らしをしていたときの電気代だにゃ?」

「……うん。住んでた蒲田の部屋は、昨日引き払っちゃったんだけど」

「もう住んでいない部屋の水道電気ガス代だから、いまさら払わなくても問題はにゃいか」

あたしはなにも答えられない。

すっかり空っぽになった、あたしの蒲田の部屋。ごちゃごちゃした街の、細い路地を通った先にある、朝しか陽がはいらない狭い部屋。

はじめての彼氏も、その彼と別れた後も、契約社員になってろくに部屋に帰れなかったときも、あそこはあたしの１Ｋのお城だった。

——でも、もうお城はなくなっちゃったんだ。

あたしは、うつむいたまま、こくんと一つうなずいた。

「バカもん‼」

突然、あたしの膝に振込用紙が飛んできた。

「なっ、なに⁉」

慌てて顔を上げる。ネコが、振込用紙をカルタ取りの要領で叩き飛ばしたらしい。不機嫌そうに目をすがめ、振込用紙を力いっぱい叩いた前脚を舐めながらいった。

「もう住んでいなくても、この電気ガス水道は、おまえが毎日使っていたものにゃ。それを払わんのは、おまえの毎日を踏み倒すということにゃっ。おまえ、東京で頑張っていたんじゃろう。自分の頑張りを、自分で踏みつけるな」

「だって……っ、本当にお金なくて……！」

苦しくて言葉がつまる。あたしは自分の視界がじんわり滲むのを感じて、大きなネコから目を反らした。

こんなことで泣くなんて情けない。

お金がないなんて、情けなくて恥ずかしくて親にもいえない。

引っ越しの費用は、部屋を引き払ったときの敷金でなんとか間に合った。家賃の引き落としでほとんど残高がなくなっていた預金通帳をゼロ円になるまで全部引き出して、実家に帰る高速バスに乗った。

いまのあたしは、東京で頑張っていた自分を踏みつけることしかできないんだ。

「まったく……。いい娘が泣くんじゃにゃい」

ほとほと困ったという声でいいながら、ネコがあたしの前にぽてぽてと歩いてきた。正座しているあたしの膝の上に、片脚を乗せて首を伸ばす。

「カネがないのが情けないなら、こっちから貧乏をやっつけてやればいいにゃ」

「やっつける……？」

手の甲で目元を乱暴に拭い、あたしはネコを見下ろした。ネコは、長い毛並みを揺らして一つうなずく。

「貧乏を征伐してやるんにゃ。実家に住めば、いままでの家賃代は間違いなく貯金できる。勤倹貯蓄に励み、それを財産といえるほどにする方法は、ワシが教えてやろう。この、伝説の明治の億万長者、本多静六《ほんだせいろく》が」

「……え、それ誰」

「いまどきの若いもんは、ワシの名前も知らんのか！」

憤慨してシッポを太くした静六ネコの前で、あたしは慌ててカバンの中からスマートフォンを引っ張りだした。

「まってまって、検索する。ええっと……。東京大学教授。林学博士として明治神宮の森や日比谷公園の設計をし……、あっ、ほんとに億万長者って書いてある！」

あたしはスマートフォンの画面に映し出された、晩年の本多静六博士の写真と静六ネコの顔を見比べた。両頬から白いヒゲが長く伸びているのが、びっくりするくらい似ている。

静六ネコが、ふんと鼻を鳴らして長いシッポを一振りした。

「ワシは子供の頃から貧乏をしておったが、二十五歳で一念発起し、貧乏を抜け出すために蓄財をはじめたんにゃ。はじめのうちは夕飯のおかずがごま塩のような暮らしだったが、六十歳になる頃には、いまの価値にすると五百億円ほどの資産になっておった」

「――え」

単位が大きすぎて、まったくイメージが摑めない。いちじゅうひゃくせん……と指折り数え、指が足りなくなったので、あたしの残高ゼロ円の通帳を開いた。

「この通帳の残高欄じゃ、ぜんぜん足りない……」

普通預金の通帳に記載できる桁を超えた資産を、このネコが……いや、明治の伝説の大富豪、本多静六博士は持っていたんだ。

「あたしも……、いまから頑張ればお金持ちになれるのかな……？」

「世の中で一番確実なのは、金儲けの道にゃ。ワシがこのネコの身で出会った人間どもは、皆、本気で金と向き合っていなかった。おまえにワシの声が聞こえるということは、本気で金と向き合う覚悟があるということだろう。さて、美優。おまえは貧乏征伐をして、自分の財産というものを作る決心はあるかにゃ？」

「――――ある」

反射的に、あたしの口はそう動いていた。

ネコがしゃべるなんて、化け猫か妄想か……、電気代すら払えなくなった自分が情けなくて、どこかおかしくなっちゃった結果だったとしても、あたしはもう、お金がなくて泣くのは嫌なんだ。お金と真剣に向き合って、自分の財産っていうものを作りたいんだ。

あたしは膝の上の静六ネコを抱き上げて、そのまま立ち上がった。静六ネコの胴がだらんと伸びる。

「あたし、やる！　だから、あたしにお金の貯め方を教えて、静六ネコ！」

「なんにゃ、その静六ネコというのは」

「伝説の大富豪本多静六じゃ長いから、静六ネコ！」

——こうして、あたしと静六ネコの貧乏征伐は、いままさにはじまったのだった。

第一章

実際、いかなる不運、不幸も、不景気も、決してそれが永久的につづくものではない。時計の振り子のごとく、また波の起伏のごとく、やがては元に戻るものである。

「こら、いつまで寝とる気にゃ！」

ぴしっと頬にネコパンチがはいり、あたしは「うっ」と短いを声をあげた。

まだ眠い目を無理やり開けると、目の前に灰色のネコの瞳と長いヒゲがたれさがっているのが見える。あたしは、パジャマ替わりに着ている高校のときのジャージ姿で片手を軽く振り、寝返りを打った。

静六ネコが、ゆっくりと前脚を上げながら最終通告するようにいった。

「これで起きなければ、ツメ出しパンチにゃ」

「やめて！　痛いのはナシ！」

慌てて起き上がり、ベッドの上に正座する。美容院に行くお金がなくて、半端に長くなったぼさぼさの髪をなでつけながら、静六ネコにぺこりと頭を下げた。

「おはよう、静六ネコ」

「うみゅ」

静六ネコは偉そうに一つうなずいた。


衝撃の出会いから一夜。

とかいう、大げさな表現でいいのかどうか迷うほど、静六ネコはネコらしくのほほんとうちで暮らしていることがわかったのは、昨日、家族揃って夕飯を食べたときだった。

長いこと地元スーパーでパートとして働いていた母と、この春、地元企業を定年退職した父は、高齢で農家を辞めたご近所さんの田畑と農機具をまるごと借りて、専業農家をはじめた。

もともと、週末は趣味の家庭菜園をしていたから、定年後は趣味と実益！　って感じだ。

そのおかげで、夕食に並ぶおかずは野菜だらけの地味なメニューなんだけど、その食卓の真ん中に、うやうやしく鯛の尾頭付きの塩焼きが置いてある。

あたしは、なんとも居心地の悪い気持ちで食卓の椅子に座った。

節約命！　もったいないが口癖のお母さんが、尾頭付きの鯛を買ってきたなんて！　きっとまた勝手に、あたしの将来を決めつけて喜んでいるに違いない。

そんなことを考えながら眉間にシワを寄せて床を見ると、ちんまりと座った静六ネコの横に、なんともゴージャスな金色の袋が置いてあることに気づいた。

これ、多分プレミアム・キャットフードだ！　なんでうちに、こんな贅沢品が!?

そう思っているのが、おもいっきり顔に出ていたんだろう。お母さんが、「入院してる友達に預かってるネコなの。セイちゃんをよろしくお願いします、って。高級ペットフードと食器と、万が一のときのためのセイちゃん貯金と一緒にやってきたんだよ」といって、通帳を見せ

てくれた。

　あたしは何気なくその残高を確認して、通帳を取り落としそうになった。

「五十万円もある！　ネコになってもお金持ちなんだ、静六ネコ！」

　あたしの足元に置いてある猫用食器に顔を突っ込んで、プレミアム・キャットフードを食べている静六ネコが、顔も上げずに耳だけを軽く動かして「ウルサイ」という意思表示をする。

　揚げたての野菜天ぷらをつつきながら発泡酒を飲んでいたお父さんが、「美優、静六ネコってなんだ？」といった。

「あ……いや、ほら！　なんか、おじいちゃんっぽい顔してるじゃない、このネコ！　セイちゃんっていうより、静六って感じというか」

　慌てていうあたしの言葉に納得したのかしていないのかわからないけど、あたしの就職が決まって機嫌がいいお父さんは、うんうんとうなずきながら発泡酒をもう一本取るために冷蔵庫に向かった。

　お母さんが椅子に座って箸を取りながら「飲みすぎないでよね」とお父さんに釘を刺す。

「ほら、お祝いに尾頭付きの鯛買ってきたのよ！　あとは美優が、いいお婿さん見つけてくれたらお母さん一安心」

　うきうきといいながら、手早く鯛の身をほぐしてお父さんの皿に盛り、次にあたしの皿に山盛りに載せる。自分の皿には、最後の最後に残ったカスみたいな部分しか載せない。

あたしは箸の先で、骨までキレイに取ってある鯛の身をつついた。

「お祝いとか、別にいいのに……。それにあたし、お婿さん取る気ないからね」

「まあ、そうねえ。いまはいいお婿さん探してたら、婚期逃しちゃうかもしれないし。そのあたりは諦めるとしても、結婚してうちの近くに新婚夫婦の家を建てるのがいいかしらね。孫の面倒をお母さんが見ててあげられれば、美優はせっかく正社員にしてもらった会計事務所の仕事を続けられるわけだし」

「結婚相手もいないうちに、子供の話とか、ぜんぜん現実感ないんだけど」

ぶすっとした顔で返事をしても、お母さんはまったく意に介さない。鼻歌なんかを歌いながら、鯛の骨にこびりついている身をむしっている。

その仕草がしみじみ貧乏くさく見えて、あたしはそっと目を逸らした。

お父さんが飲んでいる発泡酒も一番安いランクのものだし、今日、鯛なんて買って奮発しちゃったから、明日からはきっと節約節約！　って、大騒ぎするんだろう。

あたしは、こんなしみったれた生活、絶対嫌だと思って東京に行ったのに……。

そこまで思い出したあたしは、ベッドの端に座ったまま深い溜息をついた。

「あとは、お給料日までどうやってランチ代を工面するか……」

「昼メシなど、家で弁当をこしらえればいいにゃー」

布団の中で丸まったまま、静六ネコが至極当然という顔でいう。あたしはげんなりとした気持ちで、首を横に振った。

「昨日の残りなんて、地味な野菜しかないよ。朝、コンビニに寄って菓子パン買っていく。そのくらいならお金まだある」

「バカもん!!」

静六ネコの声に、あたしは思わず身構えた。昨日、この声と共に振込用紙が飛んできたのだ。

「……あ、さすがに枕は飛んでこないね」

布団の中で起き上がって前脚で枕を叩いた静六ネコは、その拍子に枕カバーのタオル地がツメに引っかかったらしい。あたあたと前脚を振って、ぴーっと枕カバーのタオル地から糸を引き出したものの、そのまま何事もなかったかのように偉そうに顎を上げた。

「いらん金を使うにゃっ！　野菜で結構！　細かく刻んで塩をしたものを、ワシはホルモン漬

けと呼んで常食しとったぞ。あとは握りメシで十分にゃ」

「野菜の浅漬けとおにぎり？　なんかそれ、地味過ぎない？」

「地味でなにが悪いにゃ？　日々の食事は、粗食が一番健康的にゃー」

それだけをいうと、静六ネコはさっさと朝寝の態勢に入る。

あたしは、そんな静六ネコを眺めながら、ちょっとため息をついた。


「あれ？　新人さんのお弁当って野菜サラダ？　ダイエットでもしてるの？」

軽やかな女性の声が事務所に響きわたる。

あたしは、やっぱりツッコミきたー！　と思いながら、デスクの上で広げていたキャベツときゅうりを切ったものだけが入っているお弁当箱をさり気なく蓋で隠した。

「まあ、そんなところ、というか……」

そう答えながら振り返った先に、びっくりするくらい可愛くてオシャレな女性が立っていた。

「えっと……。どちらさま、ですか……？」

今朝、紹介されたこの会計事務所の社員の中にはいなかった。そもそも、女優みたいなツバ広の帽子をかぶってミニスカートで出勤してくる人がいるはずはない。

この会計事務所が顧問をしている、美容院とかの人だろうか。こういうオシャレな人を間近で見てしまうと、自分が着ている量販店のぺらぺらブラウスに地味な紺のスカートと、ひっつめただけの黒髪が、とってもみすぼらしく思える。

そんなことを思っているところへ、外に昼食を食べに行っていた人たちがわらわらと事務所に戻ってきた。「あれ、アキラさん帰ってたの」と、誰かがいう。

アキラさんと呼ばれた女性が、肩に掛けていた大きなカバンをあたしの隣のデスクに置きながらうなずいた。

「お母さんに呼ばれて、さっき帰ってきたとこ。古いビデオデッキと、新しいＤＶＤプレーヤーの接続がわかんないんだって。そんな理由で東京から呼び戻されるって、参っちゃうよねー」

ちょっと高めの可愛い声であっけらかんという。有名ブランドのロゴがでかでかとついているカバンから、最新機種のノートパソコンとiPadとスマートフォンを取り出して、デスクに並べはじめた。

あたしは、自分のお弁当箱に半分フタをしたままアキラさんを見つめてしまう。

アキラさんがあたしとあたしの机の上のお弁当を見る。まっすぐ切りそろえた前髪の下の、

くるんと上向きに上がったまつげ、……多分高いまつげエクステサロンに通っているんだろうな……と思う、それを軽く伏せて無邪気に笑った。

「とりあえず、お弁当食べちゃうといいんじゃないですか？　あたしは、新人さん別に太ってないと思うけど」

「はぁ……」

生返事をしたあたしに愛想よくうなずいた後、アキラさんはおもむろにノートパソコンを開いてなにかを打ち込みはじめる。

その表情は、ついさっきまでの明るい笑顔がすっぱりと抜け落ちた、怖いほどの無表情だ。

あたしの席の横に、先輩社員の伊藤さんがやってきた。

「アキラさん、この人は新人さんじゃなくて、島村美優さんだよ。……ええとね、美優ちゃん、アキラさんは所長の一人娘なの。東京の大学行ってるんだけど、実家に帰ってくると事務所で仕事してんのよ」

「大学生なのに、会計事務所の仕事を手伝ってるんですか？」

「ちがう、ちがう。自分の父親の会計事務所の仕事はぜんぜん興味なしのくせに、大学生起業しちゃって。なんだっけ？　海外販売？」

隣のデスクのアキラさんに向かって問いかける。アキラさんは、画面から視線を外さず、長い髪を揺らして大きくうなずいた。

「海外のネット物販サイトに日本の商品出品したり、英語圏向けのネットショップやったり……。あ、新人さんて英語できる人ですか？」

最後の質問のところだけ、思い出したように顔を上げる。机の横に立っている伊藤さんが、呆れたように両手を振った。

「はーい、ダメダメ。勝手にスカウトしたら所長に告げ口するよー」

「えー、いいじゃん。うちの会社は副業禁止の社則ないんだし。フリーの時間にパソコンでちゃちゃっとお仕事して、月三万円の副収入がー」

「とかいう元締めが、月収八十万なんだもん、腹たつよねー」

そういいながら笑う伊藤さんに、わけもわからず笑みを返したあたしは、やっとここで気づいた。

「八十万円!?　手取りが!?」

思わず、ばんと両手を机について立ち上がる。アキラさんが、驚いた顔をしてあたしを見上げた。

「びっくりしたー……。新人さん、お金好きなんだ」

「びっくりしたのはこっちです！　海外のネット物販って、そんなに儲かるんですか!?」

がっつり話題に食いついた姿勢のあたしに、アキラさんが満面の笑みを見せる。キレイなネイルアートをしている指先でノートパソコンの画面を指さした。

画面にはいくつもウィンドウが表示されていて、商品らしいカバンの画像や、細かな数字と英文がびっしりと表示されている。

「これが海外ネット物販サイトの画面ね。ここに商品を出品して、落札されたら国際郵便で商品を送る。で、あたしがやってるのは、全部の作業を分業化して、わかりやすくマニュアルつくって、外注さんに仕事まわすとこまで。いまは外注さんが、商品のリサーチから出品、落札後のメール処理、発送、クレーム対応までやってくれてるんだよね」

「それで、元締めのアキラさんは月収八十万ですか」

「元締めじゃなくて、ビジネスオーナーって呼んで欲しいなあ。で、新人さんは外注さんやる？」

あたしは、アキラさんの手元のパソコン画面を睨みつけながら腕を組んだ。

「外注さんより、そのビジネスオーナー、っていうやつやりたいです。ビジネスオーナーが月収八十万なのに、三万円の仕事をしたいとは思いません」

「さっすがー！　新人さん……じゃなくて、美優さん、正直者っ！　そういう人、好き！　じゃあさ、月収八十万円……百万円でも一千万円でもいいけど。そのビジネスオーナーと、三万円の外注さんの違いはなんだと思う？」

嬉しそうに片手を上げるアキラさんにつられて、思わずハイタッチしてしまう。でも、あたしはいまいちわけがわからず、眉間にシワを寄せた。

「え……外注さんに払うお金をケチって、ビジネスオーナーだけが儲けてる……とか？」

そういったあたしに、アキラさんがつやつやした赤いグロスが塗られている唇をすぼめて、「わかってないなあ」とでもいいたげな顔をした。

「三万円の外注さんへの支払いをいくらケチったって、八十万円や百万円、一千万円単位の利益出せるわけないよ。例えば時給千円で契約したなら、月三十時間。時給三千円で契約したとしたら、十時間。もし、その時間以上に働いてるのにお金払わなかったら、外注さんは辞めちゃうよね？　そうなったら、また一から別の人に仕事覚えてもらわなきゃいけないから、ものすごーく非効率で意味ない」

「確かに……。じゃあ、どうやって利益出してるんですか？」

「ごく普通の、昔からある小売店やデパートと同じ仕組みだよ。仕入れたものを、仕入れ値より高く売る。それだけ」

あたしは思わず、「え？」という形に口を開けてしまった。

「それで八十万円や百万円、一千万円単位の利益が出るんですか!?　どうして!」

「たくさん売れば、たくさん儲かる。……つまり、こういうこと」

アキラさんが、ノートパソコンの画面をあたしが見やすい位置に直してくれる。上から下まで、カバンや靴や服、キャラクターグッズにおもちゃ、スポーツ用品、とにかくありとあらゆるものがびっしりと並んでいた。

「英語圏向けのサイトだと、市場自体が世界規模で日本と比べものにならないほど大きいよね？　市場が大きければ、それだけたくさん売れるから、儲けも大きくなっていくの」

アキラさんが、ノートパソコンの画面にずらりと並んだ商品写真の一つをクリックする。日本製らしいの野球グローブの大きな画像が現れた。その横にびっしりと描かれている英文は、商品説明なんだろう。

「こういう写真や英文を入力して、売れたらメール対応して、梱包して発送して……。みたいなことを、あたしが一人でしていたとしたら、あたし一人分の仕事量しかこなせない。量がこなせなきゃ、たいした儲けにはならない。でも、何人かの外注さんと契約して作業してもらえば、大きな売り上げがたつ。そのシステムをきっちり構築しちゃえば、あたしが寝ていても遊んでいても、継続的に収入が増えることになるの」

あたしは思わず眉をひそめてしまう。意気揚々と語るアキラさんの「システム」って、人を働かせて自分は遊んで暮らすっていう、なんというかズルいもののようにしか思えない。

アキラさんが、あたしの顔をちらりと見て、意味ありげに肩をすくめた。

「……あ、ズルして儲けて、自分だけ得しようとしてる！　って思った？」

「ホントに、表情読むのやめてもらえます？　そのとおりですけど」

率直すぎるあたしの返答に、アキラさんが爆笑する。笑いすぎて涙まで出たらしく、長いまつげを伏せて目尻を指で拭いた。

「他人を働かせているのに、自分は働いていない。美優さんは、そういうのはズルくて嫌だと思うってことだよね。じゃあ、どういう働き方だったらズルくないと思う？」

まったく気を悪くした様子もなく、椅子に座り直して可愛らしく首をかしげる。あたしはちょっと困った気持ちになって、「えっと……」と、言葉を切った。

「それは……。他の人と同じように働くとか、他の人を働かせないで一人で働くとか……」

「一人で働けばズルくないんなら、この事務所の所長はズルいってことになるよね。田舎のこんな小さい事務所に社員詰め込んで、朝から晩まで働かせてるわけだから」

そういいながら、事務所の中をぐるりと見回す。一番奥の所長の椅子はまだ空。上の階にある自宅で昼休み中だ。あたしは慌てて、アキラさんの前で両手を横に振った。

「なにいってるんですか、所長は違うに決まってるでしょ！　あたし、ここで正社員として雇ってもらえて、どれだけ感謝してるか……！」

「でも、ここの所長……あたしのお父さんはいまごろ、上で昼寝してると思うよ。下では午後一時になったらみんな仕事はじめるのに、所長だけ自宅でゆっくり昼寝してるのはズルい！　ってならないの？」

「そっ……それは……！」

あたしは額から汗が滲むような気持ちで、必死に言葉を探した。

「所長が昼寝してても、あたしたちには仕事がありますし！　そもそも、所長がいなかったらあたしたちの仕事がないわけだから、所長が寝っててもいいんです！」

「ね、そういうことだよ」

我が意を得たりとばかりに、アキラさんが嬉しそうに笑う。あたしは、なにがなんだかわからないまま、ぐったりと椅子の背に寄りかかった。

「なにが、そういうことなんですか……！」

「所長が上の自宅から降りてこなくても、社員の仕事があって、給料がちゃんと支払われればなんの問題もない。雇っている人に仕事とお金を保証できるなら、雇い主はなにをしていてもいいんだよ。遊んでいても、他の仕事をしていてもいい。雇ってる人と同じ仕事を雇い主がしていない。っていうのは、ズルでもなんでもない」

うっ……と、あたしは声を詰まらせた。確かに、そのとおりなんだけど……。なんというか、心情的に納得できない。

　アキラさんがノートパソコンの画面を自分のほうに戻し、あたしの顔も見ずに「まあ、結局はさあ」といった。

「相手に、〝その資格があると思えるか？〟なんだよね。チャラチャラした女子大生が、「人に働かせて自分は遊んで暮らして～」みたいなこといえば、聞いてる人はイラっとする。苦労に苦労を重ねたおじいちゃんが、「人に感謝！世界に感謝！」っていいながら、社員が働いて稼いだ金でゴルフしてても、まあそんなもんかなと思う。……あたしが外注さん使ってんのも、苦労人社長のおじいちゃんが社員雇ってるのも、ざっくりいえば、〝人の雇用を支えること〟なわけ。同じことしてても、苦労してるか、年を取っているかだけで、ぜんぜん印象が違う」

　それだけいうと、あとはもう話はないとでもいうような顔で、アキラさんがノートパソコンの画面に視線を戻す。

　あたしはなんだか慌てた気持ちになって、「あの！」とアキラさんの横顔に声を掛けてしまった。

「あ……っ、あの！　アキラさんは結局、なにをやりたいんですか」

「ビジネスオーナー。あたしが常に管理していなくても、安定的に人の雇用……特に、フルタイムで働きづらいママさんとか、持病や障がいがあって、長時間の移動や会社勤めが難しい人たちの安定した雇用を作りたいんだよね。……で、それをボランティアじゃなくて、がつんと利益が出せるリアルビジネスとして構築したいの。海外ネット物販は、その第一歩みたいなもの」

それだけをいうと、アキラさんはまたノートパソコンに視線を戻した。


「――――にゃるほどにゃー。新しい職場に、びじねすおーなーがおったのか」

あたしは床に座り、ベッドの上の静六ネコと顔を突き合わせる距離で、ぐっと両手を握りしめた。

「なによ！　もっと情熱的な感想いってよ！　昨日、あたしに振込用紙叩きつけたみたいな、ああいうの！」

「そもそも、美優はなにをそんなにイライラしているんにゃー？　自分が働かずとも仕事で利益が出る仕組みを持つ、びじねすおーなーを目指すとは結構なことにゃ。積極的に雇用を作りたいというのも見上げたもの。いまは、いんたーねっととかいうもののお陰で、明治ならば大会社しかできなかった外国との商売や、家にいながら会社の仕事をすることができる。ほんとうに素晴らしいにゃ」

ネコらしく片脚を上げて、かかかっと耳の後ろを掻く。

確かに、雇用を作るって考えは偉いと思う。思うんだけど、そういうのに取り組む人って、もっと地味に活動してるもんなんじゃないの!?

ブランド物の高いバッグを持って、まつげエクステやネイルサロンに通って、毎月けっこうなお金を自分の見た目を良くするために使ってるっぽくて、挙げ句の果ては、自分が眠っている間もお金が増えるようにしたいとか。そういうのって、やっぱりなんか……!

「雇用を作るっていったって、アキラさんが月収八十万円なのに、雇用されてる外注さんは三万円なんだよ？　それって搾取じゃないの!?」

「搾取というのは、不当に利益を絞りとることにゃ。外注は、最初に時給を決めて作業してもらっとるんにゃろう？　法外に安いわけでないにゃら、正当な契約にゃ」

「まあ、そうだけど……」

静六ネコにおっとりといわれると、あたしは反論のしようがない。静六ネコが、あたしの布団の上にちんまりと座り直して、細い目をさらに細めた。

「美優は、自分よりも年下の女学生が、楽して大儲けしている気がして腹がたっているんにゃ。違うか？」

あたしは、うっ……と息をのんだ。

「確かに、アキラさんも『あたしと同じことを、苦労に苦労を重ねたおじいちゃん社長がいってるなら、腹がたたないはずだ』っていってたけどー……。やっぱりなんか、あたしより年下の女子大生が、楽して稼いでると思うと腹がたつんだもん。あたしは、いくら頑張って仕事しても、ぜんぜんお金なかったのに」

「美優が金を持っていなかったのと、その女学生が金を稼いでいることには、なんの関係もないにゃあ」

静六ネコの声が、ずしんと胸に突き刺さる。

あたしがお金がなくて苦しくて辛い思いをしていたのは、あたしの自己責任ってやつだ。あたしは運も実力も努力も足りなくて、それで勝手に貧乏になったんだ。

「こりゃ、勝手に落ち込むにゃ」

少し笑っているかのような静六ネコの声に、あたしは眉根を寄せたまま顔を上げた。静六ネコが、まるで招き猫のように片脚を上げて、こっちに来い、という仕草をする。

「おまえの性根はわかりやすくて、透けて見えるようだにゃあ。大丈夫、人生即努力、努力即幸福にゃ！」

「人生は努力しだいで幸せになれるってこと？　じゃあ、あたしが幸せじゃなかったのは、やっぱり努力が足りなかったってことじゃない……」

あたしは肩を落としたまま立ち上がり、静六ネコの隣に座った。

静六ネコが顔を上げ、目を細めて窓の向こうの細い月を見る。

まだ天井の照明をつけていなかったあたしの部屋で宵闇は深まり、ふさふさとした静六ネコの、ただのネコにしては大きいシルエットが浮かび上がるように見えた。

「美優が金を持っていなかったのは、美優の努力が足りなかったせいではにゃい」

「じゃあ、なんのせい？　あたしが東京にいられなくなったのは、なにが悪かったの？」

「そうだにゃあ……。美優を正社員に採用しない会社や、景気の悪さや、政府の対応の遅さ……などでは、にゃい！」

「ないんだ!?」

驚いて、あたしは静六ネコに噛みつくようにいってしまった。静六ネコが、ちょっとヒゲを

震わせて、鷹揚《おうよう》にうなずいた。

「それはすべて時流というやつにゃ。美優はそのときどきで、自分にできることを精一杯頑張っとったろう？　それでもダメだったのならば、それはリンゴが熟す前に台風に遭い、実が青いまま地面に落ちたようなもの。台風に遭ったことを悔いてもしかたない。時の流れ、世間の流れ、天の流れに人は逆らえないんにゃ」

あたしは、どうしようもない無力感に唇を半ば開いたが、なにも言葉がでてこなくて閉じてしまう。

どんなに頑張ってもダメだったのが、天の流れなどというわけのわからないもののせいならば、ここで頑張っても、またダメになってしまうかもしれない。頑張っても頑張っても、ダメなやつはダメと決まっているということなのか。

「早合点するにゃ。なにも一回ダメだったから次もダメとは決まっていにゃい。ワシとて、やっと入学した学校のはじめての試験で落第して、一時は死のうとしたが死にきれず、死んだ気になって勉強して最優等を取ったんにゃ」

あたしの考えを読んだかのように、静六ネコが胸を張って答える。あたしは、じっと静六ネコを見据えながら、重い口をようやく開いた。

「努力しても一回はダメだったんじゃない……。それってつまり、努力が足りない自分が悪いってことでしょ？」

「まー……そういってしまうと、実も蓋もないがにゃー」

そういいながら、静六ネコはきまり悪そうに前脚で顔を撫でる。

「最初の試験で落第したのは、確かにワシの勉強不足にゃ。しかし、そのときはそれが精一杯だった。決して怠けていたからではにゃい。だからこそ、死ぬしかないと思うほど絶望した。だが、死にそこねて気づいたんにゃ。**精一杯やってダメだったのならば、精百杯くらいやればいい！**　貧しい農家の倅が学校に上がったのは、勉強がしたくてたまらなかったからにゃ、**やりたいことをとことんやれ！**　と」

「あたしも、精百杯くらい努力すればよかったってこと……？」

静六ネコが、意外そうにヒゲを少し震わせた。細い目をさらに細めてにんまりとする。

「なにをいっとる。美優が東京を離れたのは、美優にとっては「東京」よりも「正社員になること」のほうが大切だったからにゃ。ただ東京に居続けたいなら、正社員にこだわらず日銭が稼げるバイトで食いつなげばいい。それをせずに、自分の中で一番欲しいものをちゃんと掴み取った。これを精百杯といわずに、なんだというんだにゃー？」

小首を傾げる仕草をして、うつむいているあたしの顔を覗き込む。

あたしは、いままで自分の中で完全にダメだと思っていたあたし自身が、息を吹き返すような気持ちになった。

「もしかして、あたしはもう、一番の望みを叶えてたの……？」

静六ネコが悠々とうなずいて、あたしの手の上に丸っこいネコの前脚を置いた。

「自分にとって、なにが一番大切なのか、それを叶えるにはどうすればいいか。一度やってダメだったなら、やり方を変えてまた努力すればいい。それが人生即努力、努力即幸福にゃっ。わかったなら、しゃきっとせい！」

そういうと同時に、あたしの手の甲に強烈なネコパンチを入れた。

第二章

金儲けは理屈でなくて、実際である。計画でなくて、努力である。予算でなくて、結果である。その秘伝はとなると、やっぱり根本的な心構えの問題となる。

「お給料だー……！」

あたしは、会計事務所の奥さんが机の上に置いてくれた給料明細を取り上げながら、嬉しさを押し殺した小さな声を上げた。

「美優ちゃんは、会計事務所のお仕事はじめてなのに、たくさん頑張ってくれたねー。来月もよろしくねー」

おっとりとした奥さんの笑顔を見上げると、ありがたくて涙が出そうになる。なりたくてたまらなかった正社員にしてもらえて、決まった日にお給料がもらえるなんて、ほんとうにほんとうに嬉しい。

「こちらこそ、よろしくお願いします！」

給料明細書を胸に抱いて立ち上がり、深々とお辞儀をする。奥さんの、おほほ、という笑い声と共に、事務所の奥のほうから「給料出してるのは奥さんじゃなくて私だからねー」という、飄々《ひょうひょう》とした所長の声がした。事務所内で仕事をしている社員が、どっと笑う。

ここで働きはじめて、はや一ヶ月。はじめてのお給料は、締め日の関係で勤務日数二十一日の日割りになっていて、通常月より少し少ない。

だけど、だけど、だけど！　待ちに待った、まとまったお金がやっとあたしのところにやってきたのだ！

あたしは、まわりの社員さんたちに「お騒がせしました」と照れ笑いを浮かべてながら頭を下げ、自分のデスクの椅子に座った。

　この、土倉会計事務所は地元に根づいて二十五年の、アットホームな会社だ。小さいけれど自社ビルで一階が事務所、二階、三階が自宅。所長の奥さんが社員のお給料計算の担当で、毎月、こんなふうに給料明細を一人ひとりに配って歩いている。

「お母さん、あたし帰るから駅まで車出してもらっていい？」

　事務所の扉が開いて、アキラさんが顔を出した。相変わらず、女優みたいなツバの大きな帽子をかぶって派手なメイクとミニスカート……。あ、肩に掛けているブランド物の赤いバッグは、この前と違うやつだ。

　奥さんが「いま忙しいから、ちょっと待っててー」というと、アキラさんは軽く肩をすくめて事務所に入ってきた。

　土倉会計事務所は市街地にあるにもかかわらず、在来線の駅まで歩いて二十五分掛かる。そして在来線は一時間に一本しかない。在来線に乗って二駅目の、新幹線が止まる駅に行けば、新幹線が一時間に二本……。在来線より、新幹線のほうが走っている本数が多いというのが、田舎クオリティだ。

奥さんの送迎待ちで、この時間の在来線に乗るのは諦めたのだろう。アキラさんが、あたしの隣の机に真新しい赤いブランドバッグを置いて、中からノートパソコンを取り出した。あたしが胸に抱いている給料明細を見て、愛想のいい笑みを見せる。

「初給料おめでとうございまーす。で、どうですか？　仕事慣れました？」

「おかげさまで……。っていうか、アキラさんってほんとうにしょっちゅう、実家帰ってきてるんですね。新幹線でしょう？　東京からじゃ、交通費だけでもけっこうかかっちゃうんじゃないですか」

「まあねー。でも、新幹線の中って仕事はかどるんだもん。あと、この事務所もはかどる……」

そこまでいったところで、アキラさんの意識はノートパソコンの画面に移った。可愛い女の子っぽかった雰囲気が消え、怖いくらいの無表情になる。それからは、ぱちぱちとキーボードを叩く音だけが響く。

「あら、アキラが仕事はじめちゃったんなら、今日、東京に帰るのはキャンセルにしていいわねー」

給料明細を社員全員に配り終えた奥さんが、アキラさんのほうを見ていう。

あたしも何度か、この席で仕事をしているアキラさんを見たからわかるけれど、仕事中のアキラさんはまわりの音がまったく聞こえていない。すさまじい集中力で、食事も睡眠も忘れてしまうみたいだ。

最初は楽して儲けているナマイキな女子大生だと思ったけど、こんなふうに真剣に仕事をしている様子を見ると、単に楽をしているだけとはいえないかもしれない、と思う。

あたしは給料明細をていねいにカバンの中にしまい、机の上に広げてある伝票の整理をはじめた。そのとき、「そうだ、美優ちゃん」といった所長の声を聞いて手を止めた。

「市役所で、若者のUターン就職の広報出すのに、実際にUターン就職した人に話を訊きたいんだって。美優ちゃん、市役所の人と話してくれるかな」

「はあ……、あたしでよければ」

そうか、あたしは一度東京に出た後、地元に舞い戻ってきたUターン就職。という部類に入る人だったんだ。と、あらためて思う。

市役所の人と話すのかー……。市役所って、小学校とか中学校の同級生が就職してそうだよなあ。

ぼんやりとそんなことを思いながら、手元の伝票に視線を落とした。

地元に帰ってきたものの、あたしの親しい友達は一人も地元に残っていない。みんな大学で

てんでんバラバラ全国に散り、その後はなんとなく音信不通になってしまっている。

東京の大学の友達は、LINEとFacebookのつながりだけだ。それも、就職がうまくいかない時期にキラキラした友達の記事が辛くて見なくなってからは、彼女たちがなにをしているのかもわからない。

あたし、友達いないなあ……。Uターン就職女子、友達なし、彼氏なし。

つい指折り数えてネガティブなことを考えてしまったあたしは、思い直してぎゅっとてのひらを握りしめた。


「めでたい！」

給料明細をもって家に帰ったあたしに、開口一番静六ネコがいう。

あたしは、ちょっと照れながら、静六ネコの定位置と化しているあたしのベッドの横に座った。

「ありがと。……やっぱり、すごく嬉しい」

カバンの中から取り出した給料明細と、仕事帰りに記帳してきた預金通帳を、静六ネコに見えるように枕元に広げて置く。

実家に帰ってきたとき、残高ゼロ円だったあたしの預金通帳に記載されている六桁の数字が、ほんとうに誇らしい。

「さて、これは蓄財への第一歩。貧乏征伐し、財産を作ろうと心に決めたなら、ここからますます勤倹貯蓄に励まなければならん」

あたしは、うん。と大きくうなずく。静六ネコがあたしの貯金通帳の残高十三万二千六百八十二円のあたりに、ぱしっと前脚を振り下ろした。

「いまこそ、本田式四分の一貯金法実行のとき！」

「……はい？」

「ワシが巨万の富を作った礎、本多式四分の一貯金法にゃっ！　月給が入ったら、四分の一を絶対下ろさない別口座に入れる。ボーナスは四分の一貯金口座に入れる！　以上！」

「以上……って！　なによ、それっ!?」

「本多式四分の一貯金法といっても、ワシが考えついたものではにゃい。お釈迦様の御経にも説かれていたほど古いものであるし、江戸時代でも松平楽翁公や二宮尊徳翁、その他幾多の先輩が奨励してきた貯金法でもあるにゃ。ただ、ワシはそれを実行したに過ぎん」

「つまり、静六ネコが億万長者になるために実行した貯金法ってこと？」

「そうにゃっ。金を貯めるため、一番最初に必要なものは、『雪だるまの芯』にゃ。本田式四

分の一貯金である程度まとまった金ができたら、それを『雪だるまの芯』にする。それを転がしていくうちに、驚くほどの金が貯まるんにゃ」

「ちょっ……待って、本多式四分の一預金法がまずあって、それが雪だるまの芯で、それを転がすと大金になって……。えっと、どうやって!?」

頭が混乱してしまいそうになって、両手で髪を押さえてしまう。静六ネコが、真剣な顔をして深くうなずいた。

「では、順を追って説明するにゃ。……まず、今月の美優の給料は十三万二千六百八十二円。入社月で、一ヶ月まるまる働いていないからこの金額だったわけだが。来月からは、手取りで十五万円ほど銀行口座に振り込まれるはず。ここまでは、いいかにゃ？」

真面目な顔をしている静六ネコにつられて、あたしも、うん、と深くうなずく。

静六ネコが、あたしの給料明細書の一番下に印字されている、銀行名のあたりを丸っこい前脚でぽすぽすと叩いた。

「この銀行で、**給料が振り込まれたら積立貯金口座に自動引き落としされる貯金をはじめるんにゃ。給料は、必要なものを買った後に残った分を貯金しようと思ったところで、たいていの**

者には無理。だから、使う前に四分の一を自動引き落としで積立貯金にするんにゃ」

「わかった。四分の一は、自動引き落としの貯金にする」

お給料って、月末に残った分を貯金しようと思っていると、つい忘れちゃったり、使いすぎちゃったりしていたから。使う前に自動的に積立貯金にしちゃう、っていうのは合理的だ。

静六ネコが、姿勢を正して座り直す。あたしの給料明細の上に片脚を乗せたまま、おごそかにいった。

「美優の給料、四分の一貯金として、三万七千五百円。次に、母君に生活費として毎月三万円」

「えっ、生活費!?」

驚いて声を上げると、静六ネコがまじめな顔でうなずいた。

「経済の自立なくして、自己の確立はありえない。実家住まいであっても、親に生活費を渡すことで経済的自立とする」

「でも……っ！　お母さんには、まだなにもいわれてないよ……？」

あたしは無意識に両手を握りしめた。たった十五万円のお給料の中から、定期積立貯金として三万七千五百円自動引き落としにして、その他に、お母さんに月々三万円も払っていたら、お給料が半分以下になってしまう。

静六ネコが、すっと目を細めた。

「俗にいう成功というのは、なんとしても経済生活の独立をしてこそにゃ。経済生活の独立な

くして成功はなく、またどんなに成功したとしても、本当の成功とは世間は認めにゃい。親に生活費を払う金が惜しい。その考えはいかん。苦しくない暮らしが欲しいなら、いまいっとき苦しいことを辛抱する。そういう方法もあるんにゃ」

あたしはぐっと唇を噛み締めた。確かに、いまのあたしの生活費は親のお財布に頼りきりだ。蛇口をひねればあたりまえのように出てくる水やお湯、スイッチを入れれば灯る電気の代金は、お父さんの銀行口座から引き落としになっている。余計なことばっかりいうお母さんのご飯だって材料代は……。

「――わかった。生活費として、うちに三万円」

あたしは、うなだれながら携帯電話を引き寄せて、電卓アプリを立ち上げた。月々のお給料、十五万円。マイナス、四分の一貯金、三万七千五百円。親に手渡す生活費、三万円……。

――さよなら、あたしの三万円。ごはんや水道や電気として、あたしの暮らしを支えてくれてありがとう……。

思わず両手をあわせてしまったあたしに、静六ネコが、うむうむ。と、二度うなずいた。

「ありがたいという気持ちは大事にゃ。では、次の手順にゃ。絶対に毎月、支払わなければな

らん金……この時代だと、すまほ代というやつか、毎月だいたいいくらにゃ？」

「七、八千円」

「高いにゃっ！」

びゃっと体の毛を逆立てて静六ネコが驚く。確かにあたしも高いと思うけど、いまはスマホだけが通信手段だから、手放すわけにはいかないんだよね……。

あたしは電卓アプリの上で指を滑らせて、スマホ代としてマイナス八千円と入れた。

「その他、節約を旨としても買わねばならん日用品や衣類は、多く見積もっても月二万あれば足りるはず。それに、最初に別口座にした本田式四分の一貯金を合算し、一年間働いたとすると……」

いわれるがままに電卓アプリを操作して、はたと指が止まった。

「百十万四千円？　あたし、一年間で百万円以上も貯金できちゃうってこと⁉」

「そうにゃっ。本多式四分の一貯金法を実行し、田舎の実家に帰ってきて正社員として月給を得るならば、このくらいは順当な額だろうにゃ」

「そうだけど……なんか夢みたいだよ。あたしの貯金が、百万円以上になるなんて……」

そういうあたしの声は、感極まったみたいな涙声になっている。恥ずかしいけれど、お金のことでこんな気持ちになったのははじめてだ。

お金はいつも、稼ぎたいのに稼げなくて悔しくて、すぐに足りなくなってしまいそうで、怖いものだった。

　東京で契約社員として働いていたときだって、月に十五万円はもらっていた。でも、それは家賃や電気やガスや水道やスマホ代や、疲れすぎてごはんを作る気力もないときのコンビニ弁当代や、通勤用の服や、つきあいで飲みにいくときの飲食代や……その他、深く考えもしないで買ったいろいろなものと引き換えに、あっという間になくなっていた。

　くたくたになるまで働いているのに、今月、あとこれだけでお給料日までもつだろうかと、お財布を見て不安になることばかりだった。

　お金は悔しい、お金は足りない。ずっとそう思っていたこのあたしが、一年間で百万円以上貯められちゃうんだ……。

　感動しているあたしの耳に、静六ネコの「とはいってもにゃー」という冷静な声が届いた。

「勤倹貯蓄は、蓄財の第一歩ではあるが、毎年百万円ずつ貯金したとしても、億万長者になるには百年かかる」

「――え」

　あたしは、スマートフォンを握りしめたまま静六ネコをまじまじと見た。

「百年って……。静六ネコみたいな億万長者になるには、あと百年もかかるの!?」

「ワシは五百億円持っとったから、五万年掛けて貯めたことになってしまうにゃ？　もちろん、ワシは五万年など生きてはおらん。――――**つまり、本多式四分の一貯金法を実行しても、ただ貯金するだけではたいした金は作れないんにゃ**」

「そんな……」

感激して高まっていた気持ちがどんどんしぼんていく。

静六ネコが、きちんと両脚を揃えてあたしの前に座った。

「さて、ここからが第一の分かれ道。億万長者になるのに百年かかることではあるが、美優が一年で百万貯められるのは、両親が元気で実家に住まわせてもらえるお陰。東京で一人暮らしをしていたら、例え正社員で働いていても一年間で二、三十万貯金できればいいほう。そうではないかにゃ？」

静六ネコの言葉に、あたしは深くうなずいた。そのくらいがリアルな貯金額だと思う。

「**ただ貯金しておいても億万長者にはなれない。だが、ある程度のまとまった金を貯めて『雪だるまの芯』をこしらえないことには、蓄財の入り口に立つこともできない。**――――まず、美優がやらにゃならんのは、その貯金通帳の残高を三十万円にすること。わかったかにゃ？」

うん。と、あたしは深くうなずく。

まじめに会社に行って仕事して、きちんと節約しながらお給料を貯金する。さっきの試算でいけば、三、四ヶ月後には三十万円貯まっていることになる。

静六ネコが、あらたまったように両脚を揃えてあたしを見上げた。

「美優が、次に成し遂げるべき課題は、**仕事の道楽化にゃ**」

「仕事の道楽化……？」

まったく理解できずに眉をひそめたあたしを見上げ、静六ネコがふさふさとしたシッポを一振りした。

「美優は、今の会計事務所で給料をもらうためにした毎日の仕事は、辛く苦しく耐え難いものだったかにゃ？」

ううん、と、あたしは反射的に首を横に振った。会計事務所での仕事はわかんないことだらけで、慌てたり、間違えたりしたけど。辛く苦しい思いはしなかった。

うまくできないことは、マニュアル見たり教えてもらったりして、できるように頑張ったし。そうして、ちゃんとできるようになって嬉しかった。

あたしの胸の内を読み取ったかのように、静六ネコがふむふむとうなずく。

「どんな仕事であっても自分で工夫を凝らし、楽しみを見つけようと思えば見つけられる。楽

しみ＝道楽にゃ。仕事が道楽になってしまえば、楽しいばかりの毎日にゃ」

「うん……。確かに、仕事覚えてる真っ最中の会計事務所は楽しかったけど、東京で派遣やってた出版社は楽しくなかったよ……？　残業ばっかりなのにお金はちょっとしかもらえなくて、その上、派遣切りまでされて……」

いっているうちに、しみじみと情けなくなってきた。あたしは、派遣を切られて電気代も払えなくなって、実家に逃げ帰ってきたんだもん。あの不安定で未来が見えない、派遣の仕事が「道楽」だなんて思えない。

「本当にそうだったかにゃ？　東京で働いていたとき、美優の仕事は苦しいばかりだったか？給料や待遇や、そんなものを取っ払って思い出してみるんにゃ。はじめはまったくできなかった仕事を覚え、上手くできたときは嬉しくにゃかったか？　こうすれば、もっと上手く仕事が運ぶと気づいて工夫してみたことはにゃかったか？」

「うーん……」

そういわれて思い出してみると、確かに、会社の待遇以外のこと……仕事を効率的に進めることができた嬉しさ、ちょっとした工夫で面倒な作業がはかどった楽しさ。そういったものがあった……気がする。

「特別、好きなことを仕事にしているわけじゃなくても、いまのあたしの仕事の中で、面白いことを見つけてもっと面白くしていく。ってことなのかな……？」

「そうにゃ！　**日々研鑽努力して働いていれば、いずれ仕事に面白みが生まれる。面白くなれば、それは道楽。ワシは長い人生の中で、職業道楽が一番愉快だったにゃ**」

「そっか……。好きなことを仕事にするのって、特別な人だけの特権じゃなかったのか……」

噛みしめるようにつぶやいたあたしの言葉に、静六ネコが大きくうなずいた。

「驚くほどの天才など、この世にめったにいにゃい。職業道楽とは、道楽と感じるほど仕事に打ち込むということにゃ。一度、道楽になってしまえば、多少の苦労も愉しみのうち」

「うん……。あ、でもいま、仕事が辛くて苦しくて耐え難いと思っている人はどうなるの？　その人も、一所懸命仕事に打ち込んで、研鑽努力すれば職業道楽化できるの？」

あたしの問いに、静六ネコがふむ、と首を傾げる。ふっさりとした長いシッポを揺らしながらいった。

「それは今の仕事が辛いのか、いましている仕事の中の一部分が辛いのかで話は変わってくるが。とにかく、どうしても嫌だ！　どうしても我慢ならない！　と思うなら辞めればいい」

「辞めていいんだ!?」

思わず聞き返してしまう。静六ネコが、うみゅと深くうなずいた。

「嫌で嫌でたまらないことを我慢をすると、感情に毒が溜まる。すると、辛いことがわからなくなる代わりに、楽しいこともわからなくなる。それでは仕事が愉快になりようがない。仕事の道楽化は無理にゃ」

「そっかー……」

納得しかけたあたしに、静六ネコが「しかし、にゃっ！」といった。

「どんな仕事でも、最初は辛い。その辛さを乗り越えたところに、職業道楽化の愉快さがあるのも真実。簡単に辞めろといっとるわけではにゃいぞ。……ああ、そうにゃ」

そこまで言って、静六ネコがなにかに気づいたようにふさふさのシッポを一振りした。

「美優は、はじめての給料が出たら、貯金より、家族に生活費を渡すより、もっと先にしなければいかんことがあったはずだにゃあ？」

「うん！〝ケチと節約はまったく違う。ケチは出さねばならん金を惜しみ、節約は出すべき金を出す〟だったよね。振込みに行ってくる！」

あたしは窓際の学習机の引き出しを引いて、ちょっとくたびれている三枚の振込用紙を取り出した。

東京で、あたしが懸命に生きていた証――水道、電気、ガスの代金。

あたしの手元を見た静六ネコが、満足そうにうなずく。ふさふさとしたシッポをもう一度大きく振った。

第三章

本来人間は、前途に大きな目標なり、目的なりがあるときは、それに対応する闘志を生ずるものである。

「お仕事中、市の広報にご協力いただいてありがとうございます!」

応接室に入ったとたん、そう声をかけられる。あたしは驚いて、持っていたトレイを取り落としそうになった。

「こ……こちらこそ、よろしくお願いします……」

あたしはぎこちない笑みを作り、茶托にお茶がこぼれていないことを確認しながら、お客様と所長の前にお茶を置いた。あたしに声を掛けたときに立ち上がった女性が、中腰になりながら恐縮しきった表情になる。

「すみません、驚かせてしまって。市の広報課から参りました、渋沢一乃《しぶさわいちの》と申します」

はきはきとした声でそういって、あたしに名刺を差し出す。それを受け取るために、あたしはトレイをとりあえずテーブルに置いた。

「ありがとうございます、島村美優と申します。まだ名刺を持っていないもので……」

両手で受け取った名刺を眺めた後、あらためて目の前の女性を見た。

すっきりとしたグレーのスーツとさらさらのショートカットの髪。すらりと高くて……なんというか、女子校のバレーボール部の先輩みたいな雰囲気がある。

あたしの横の一人がけソファに座っている所長が、いま、あたしが置いたばかりのお茶を手にしておっとりと立ち上がった。

「じゃあ、後はよろしく。私は事務所で仕事してるから」

「あ、ええっ、所長！　待ってくださいっ」

慌てて止めても、所長は何食わぬ顔で飄々と応接室を出て行ってしまう。

あたしは、はじめて会ったばかりの人と応接室に取り残されて、本気で途方にくれてしまった。

ふいに、市役所の人……渋沢一乃さんが「島村さん」とあたしを呼んだ。

「重ね重ね、市の広報課にご協力いただきありがとうございます。若者向けのUターンIターン就職を推進する広報誌に載せるお話が伺えればと思っています」

礼儀正しく深々と頭を下げるので、かえって恐縮してしまう。いえいえ、と両手を顔の前で振って、向かい側にあるソファを勧めた。

「どうぞ、おかけになってください。あたしはUターンって意識もないまま実家に戻ってきちゃったので、Uターン就職を考えている方の参考になるかわかんないんですけど」

「いえ、実際に行動した方の経験談が一番参考になります」

そういって笑う、その表情にあたしは思わず感心してしまった。爽やかって、こういう人のことをいうんだろう。

顔立ちだけを見れば、すっきりとした美人なのに、いやらしい女っぽさや、自己顕示欲がまったく感じられない。さらさらの髪はカラーリングしていない黒髪だし、爪は短く整えられていて、ネイルはしていない。化粧は、ほんとうに最低限って感じなんだけど。切れ長の目を伏せると、まつげの長い影が瞳に掛かって理知的に見える。

そんなことを頭の隅で考えつつも、あたしは渋沢さんに問われるまま、いままでの話をしていった。

東京の大学を卒業するとき正社員の内定が取れなかったこと。契約社員として働いていた会社の契約更新してもらえず、東京で再就職先を探したけれど、全滅だったこと。

つたないあたしの話を熱心に聞きながらメモを取っていた渋沢さんが、ペンを止めて顔を上げた。

「大学から東京で暮らしていたのに、正社員になるためだけに地元に戻ることには抵抗はなかったんですか？　東京で暮らしながら、例えば当面の生活費はバイトで稼いで就職活動をする、という選択肢もありましたよね」

「ええ、でもあたし、また不安定な雇用になるのは嫌だったんです。一所懸命働いていても、会社の都合で切られちゃうみたいな……。それに」

そこまでいって、言葉を止める。電気水道ガス代が払えないと気づいたときの、あの気持ち。お金がなくて、悔しくて泣いたあの気持ち。あれで、あたしはもう東京にいられないって思ったんだ……。

　向かい側のソファに座っている渋沢さんが、なにか気づいたように開いていたメモ帳を閉じた。

「ありがとうございます、参考になりました。……内緒にしておきたいことは、内緒にしておいてください」

　最後のほうは、少し冗談めかしたように気楽につぶやく。

　この人は、あたしのことを気遣ってくれるんだ。そう思うと、喉のあたりでつかえていた言葉がするりと出てきた。

「いいえ、大丈夫です。東京から地元に戻ろうって思った一番の理由は、お金なんです。再就職活動しているうちに電気代とか払えなくなって。でも、こっちに帰ってきたおかげで、東京では家賃と生活費でほとんどなくなっていたお給料も貯金できて、すごく嬉しいです」

　そういえるようになったのは、静六ネコに出会っていろいろ教えてもらっているせいもあるけど……。とは思ったが、静六ネコのことだけは、軽々しく話すわけにはいかない。

伝説の明治の大富豪、本多静六の記憶を持つネコに、お金の貯め方を教えてもらってます！

なんていったら、あぶない人だと思われてしまう。

渋沢さんが、笑顔になって大きくうなずいた。

「そうですか、よかった。私も、島村さんが地元に帰ってきてくれて嬉しいです。市の若い世代の人口は減る一方ですから」

「あ……、そうですよね。あたしの高校のときの友達も、みんな大学と就職でちりぢりになってて。いま、地元に友達いませんもん」

あはは、と声をあげて笑ってみたけど、ちょっと寂しくなってしまう。友達がいないってことを認めるのは、やっぱり切ない。

あたしが内心思ったことなんて、まったく気づいていない明るい笑顔で渋沢さんがいった。

「これは市の仕事とは別なんですが。もしよかったら、地元の若手でやっている地域活性化ボランティアに参加しませんか？　いちおう私がリーダーをしてるんですけど、歳が近い人が多いから友達できますよ」

まったく裏心がなさそうな渋沢さんの言葉に、あたしは、思わず大きくうなずいてしまった。


「静六ネコ！　あたし、地域活性化ボランティアに誘われちゃった！」

仕事から帰るなり、自室に飛び込んで静六ネコの姿を探す。ベッドの足元あたりに、こんもりとした布団の膨らみができている。

あたしは、その膨らみに向かって、「ねえねえ、聞いてよ！」と続けた。

「市役所の広報課の渋沢さんって女の人が、地域活性化ボランティアのリーダーをしてるんだって。あたし地元に友達いないし、同年代のひとたちと知り合えたらな……と思ったんだけど」

そこまでいったとき、のっそりと静六ネコが布団の中から顔を出した。ゴージャスな長毛の毛がくしゃくしゃになっていて、なんだか機嫌が悪そうに見える。

「……どうしたの？　どこか具合でも悪い？」

「みゅー……猫相が悪くなっとるのは、寝癖なので気にするにゃ。美優が、仕事の他にぼらんてぃあをする是非を考えておったんにゃが……」

猫相というのは、猫の人相のことだろう。全身もはもはの寝癖がついた状態で、静六ネコが布団の上に座り直す。もう一度、「うーみゅ……」と唸った。

「雪だるまの芯となる、まとまった金を貯める時期は一心不乱に仕事に邁進すべし。つまらん

世間の声に耳を傾ける必要はなく、やるべきことをやっておれば誰に遠慮をすることもにゃいのが信条。ワシは常に、本業の他にアルバイトを持って金を稼いでおったくらいにゃ。——

しかし、美優の年で友も恋人もいないのはにゃあ……」

「いや、いま恋人の話はしてないからね！」

「そうムキになるな。恋人や友達がいないことをからかっているわけではにゃい」

静六ネコは淡々と答えるけれど、あたしはなんだか眉間にシワが寄るような気分になってしまった。

「じゃあ、あたしはまとまったお金ができるまで、友達が欲しいとか思わずに、深夜のコンビニかなにかでアルバイトしたほうがいいの？」

昼は会計事務所で一所懸命仕事をして、深夜になったらコンビニの青白い蛍光灯の下で、レジ打ちと品出し、重いモップで床掃除。ムダ使いは厳禁だから、キラキラしたアクセサリーやふわふわしたニットや靴も一切買わず、素敵な彼氏とロマンチックなデートがしたいとか、女の子同士のおしゃべりで盛り上がる女子会がしたいなんて考えず……。

一気にそこまで妄想が膨らむ。あたしは、どっと体が重くなったような気がした。

「——うーみゅ。想像だけで落ち込んでしまったようだにゃあ。**どんな職業であっても、職業の道楽化は可能だとワシは思っておるが……。失敗したり、少々成功した者は、被害妄想にかかるもんなんにゃ。どちらも他人が敵に見え、意味もなく怯える。それは単なる妄想だとい**

うのににゃー」

ため息をつくようにして静六ネコがいう。あたしは、まったく楽しいとは思えない貧乏成敗の気分を引きずったまま、のろのろと顔を上げた。

静六ネコの真ん丸な目が、わずかに細まって笑っているような表情になる。

「美優は、もう失敗したくない！　と、強く思っているから、必要以上に怖くなってしまうのかもしれにゃいにゃあ」

静六ネコが軽くヒゲを揺らしながらいう。あたしは静六ネコと顔をつきあわせる形で床の上に座り直した。

「そりゃそうだよ……。せっかく頑張って、嫌なことも辛いことも我慢して一所懸命努力するんだから、失敗したくないよ」

あたしの言葉に静六ネコのシッポが、違う違うというふうに左右に揺れた。

「嫌、辛いを我慢しなければ成功できにゃい。……そう思い込んでいるのが、間違いの元。**努力と我慢は、まったく違うにゃ。嫌なことをしなければいけないと思い込んでいるときにするのが我慢。好きなことをするときは、努力はしても我慢はしにゃい**」

「でもさ、我慢しなきゃいけないことってあるじゃない？　学校の勉強とか、満員電車で通勤することとか」

「我慢が嫌なら、我慢しなくてもいい方法を考えて実行するまでにゃ。勉強が嫌なら、上の学校に行かずに手に職をつけて働く。満員電車が嫌なら、空いている始発電車に乗る。皆と同じにしなければという理由で上の学校を目指したら、勉強が我慢になる。自ら学びたい気持ちでする勉強は、我慢などではにゃいだろう？」

「確かに、そういわれてみれば……」

学生のときはいかにサボるかばかり考えていたのに、社会人になってあらためて大学に通いはじめて寸暇を惜しんで勉強している。というのは、よく聞く話だ。

静六ネコが、我が意を得たりとばかりにうなずいた。

「人生即努力、努力即幸福！　貧乏征伐のためには、つまらん常識や思い込みなど捨てるにゃっ。出すべき金を払い、やるべきことをやっているなら、誰に遠慮をすることもにゃい！初志貫徹にゃ！」

「わかった！　あたし、頑張る！」

静六ネコの勢いのまま、あたしも両手を強く握り締める。しかし、はたと気づいて顔を上げた。

「で、あたしが地域活性化ボランテイアに参加するのはＯＫなの？　ダメなの？」

「地元の人間と知り合うことは、すぐ金にはならなくても仕事の足しになるかもしれん。参加していいにゃ！」

「ほんと⁉　やったー！」

両手離しで喜んだあたしの前で、静六ネコも満足そうにうなずいた。

「ぼらんてぃあをしながら至富の本街道にして積極的な利殖方法をはじめる準備をはじめればいいにゃっ」

「し……至富？　利殖？」

静六ネコの言葉は難しすぎて、すぐに意味がわからない。あたしは頭の中で漢字を組み立てて、なんとか意味を推し量ろうとした。至富は、富に至る道。利殖は、お金を増やす……ってことだよね？

「ある程度まとまった金ができたら、〈投資〉をはじめるんにゃ！」

「と……と、投資⁉　あたし、株とかしなきゃいけないのっ⁉　株なんて、素人が手を出したら大損するイメージしかないんですけど！」

動揺のあまり、声が震えてしまう。静六ネコが、片脚を上げてかかかっと耳の後ろを掻いた。

「投資は博打ではにゃい。節約して貯めた金を効率よく活用するための投資にゃ。混同しやすいが、投資と投機はまったく違う。それと、投資は株を買うことだけではにゃい。個人で事業をはじめるために、貯めた金を使うことも投資。人に貸すための土地や家を買うのも投資、金や外貨を買うのも投資」

「う……、なんかぜんぜんイメージできない……」

「大丈夫にゃ。**七転び八起きは人生の気分転換、上手く転べば、成功への道が見えるというもの。若いうちに少々転んだくらいで、へこたれるものではにゃい**」

「それ、投資で失敗する前提じゃないの!?」

「そうカリカリするにゃ。とにかく、地元の知り合いを増やすためにぼらんてぃあとやらに行ってみればいい。人に会い、話せばなにか妙案が浮かぶかもしれん」

それだけをいうと、軽い身のこなしでベッドを飛び降りる。ふわふわと長いシッポを揺らして、静六ネコはあたしの部屋から出ていった。

第四章

幸福とは、自己の努力によって健全なる欲望が満たされ、精神、肉体共に愉快を覚ゆる状態を指し、しかも、それが自己の健康と社会の希望に反しない場合をいう。

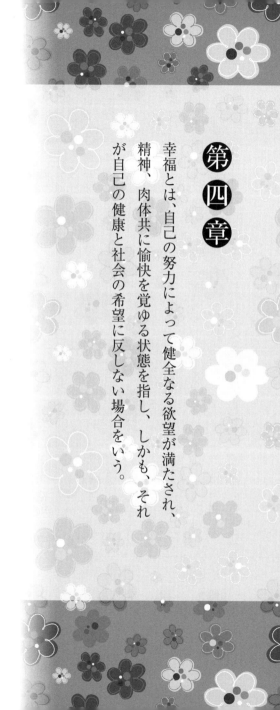

「こんにちは——……」

古ぼけた昭和っぽい木造店舗の前に立ち、あたしは閉まっている引き戸に向かって声を掛けた。

今日はあたしのボランティア初のミーティング日。事前に、市役所の渋沢さんからもらったメールに書いてあった、ミーティング場所のカフェにやってきたものの、本当にここでいいのか迷う。

だってここ、ちょっと前までお寿司屋さんだった場所だよ？　あたしが高校生だった頃、この店の前には江戸前寿司ののれんが下がっていて、出前用のバイクが停めてあった。

この地元唯一の商店街は、ランドマーク的存在だった地元系デパートが国道沿いの大型ショッピングモールに圧《お》されて閉店したあと、並びの個人商店も次々に店を閉めて、半ばシャッター通りと化した。その閑散とした商店街の外れにある、元寿司屋の木造家屋……これのどこが、tatukit ＊ cafe なんていう洒落た名前のカフェだっていうんだろう。

もしかして場所を間違えた？　と、カバンの中からスマートフォンを引っ張りだしてメール画面にしたとき、とつぜん、がらりという昭和っぽい音をたてて、目の前の引き戸が開いた。

「あっ……と、ミーティングはじめての人かな？　どうぞ、入って」

引き戸の桟に頭がぶつかりそうなほど長身で細身の女の人が、淡い笑みを浮かべて店内に招き入れてくれる。あたしは、片手にスマートフォンを握ったまま、呆然とその人を見上げてしまった。

……なんでこんなところに、こんな美女が!? 田舎のさびれた元寿司屋から、海外のファッションショーでランウェイを歩いてそうな長身美女が出てくるの!?

ボーダーシャツにジーンズ、丈の短いカフェエプロン。長い髪をルーズにまとめて、アクセサリーは耳たぶに光る小さなピアスだけ……なのに、華やかさが半端ない。

かなり動揺しているあたしに、その美女が軽く微笑む。店内に誘うように片手をゆったりと動かした。

「渋沢さんのボランティアグループに新しく入った方だよね? 皆はまだ来てないから、中で座って待っていてね」

そういうと、優雅に身を翻してカウンターの中に入っていく。あたしは彼女を目で追いつつ、店の中を覗き込んだ。

「うわ……、素敵……」

寿司屋の一枚板のカウンターはダークブラウンに塗られ、その前には白いスツールが並んでいる。店の奥の小上がりは、畳からフローリングに張り替えたんだろう。こちらもダークブラ

ンで、壁は真っ白に塗り替えられていた。二階に続く急な階段の下やカウンターの全面部分には、ロイヤルブルーの壁紙がセンスよく貼られている。

アイアン製の鳥かごの中に入れたグリーンと小鳥のオブジェや、スマートフォンくらいの大きさのディスプレイがちょっとした棚の上に置かれていて、外国の人形のコマ撮り映画が無音で流れる。

昔の寿司屋の面影は、連子《れんじ》窓に現れているんだけど、それらをラフに塗り替え、センスのある小物や本棚を配置したお陰で、不思議と統一感のある落ち着いたカフェの内装になっているのだ。

さっき、あたしに声を掛けてくれた長身美女が、食器棚に並んでいるぽってりとしたコーヒーカップを一つ取り出した。

「みんなが来るまで、珈琲でも飲みます？」

「えっ、……あ、はい」

おずおずと店内に入り、どこに座るか迷った挙げ句、他にお客様が来たら邪魔になっちゃうかもと、カウンターの一番端のスツールに腰掛ける。

カウンターの中の女の人は、注ぎ口が細い独特の形をした琺瑯のヤカンを火にかけた後、コーヒーミルでコーヒー豆を挽きはじめた。

いい香りの珈琲だなあ……。

　あたしはカウンターのスツールに浅く腰掛けたまま、女の人の手元を眺める。彼女の後ろには銀色の見慣れない大きな機械が置かれていて、その横にはトレイに山盛りになっている珈琲豆があった。

　そのとき、入り口の引き戸が勢いよく開く音がして、数人の男女が店の中に入ってきた。

「こんにちは――！　あ、島村さん。早めに来てくれたんだね、ありがとう！」

　市役所の渋沢さんが、はつらつとした声であたしに声を掛けてくれる。あたしは慌ててスツールから立ち上がり、渋沢さんとその後ろに立っている人たちに頭を下げた。

「こんにちは、よろしくお願いします」

　渋沢さんが、明るい笑顔で会釈を返す。少し身を引いて、自分の後ろに立っている人たちをあたしに紹介するよう、片手で示した。

「こちらこそ、よろしく。みんな、彼女が島村美優さん。で、こっちは、佐藤《さとう》満《みつる》、菅原《すがわら》貴子《たかこ》、大藤《おおふじ》健太《けんた》。ミツル、タカちゃん、ケンタって呼んでくれていいからね」

　渋沢さんに続き、三人がそれぞれ笑顔で挨拶してくれる。ひととおり挨拶が済むと、三人は渋沢さんに「じゃあ、このあいだに資料まとめちゃうね」といって、奥の小上がりに向かった。

あたしもなにかお手伝いしたほうがいいのかなと思い、みんなの後について行こうとしたとき、カウンターの中から女の人の声がした。

「渋沢さん、まず彼女に珈琲飲んでもらっていいかな？」

「もちろん！　紗和子《さわこ》さん、私たちにも珈琲お願いします」

渋沢さんがカウンターの中に顔を向けて笑顔で答える。紗和子さんと呼ばれた女の人が、うなずきながらあたしに湯気のたつコーヒーカップを差し出した。あたしは軽く会釈をして、そのコーヒーカップを取り上げる。

「あっ、美味しい！」

思わず口をついて言葉がでる。紗和子さんが満足そうに微笑み、渋沢さんは、ものすごく嬉しそうな顔をした。

「でしょう？　紗和子さんの珈琲は凄いんだよ。いい生豆を選んで、あの焙煎機でローストしてるんだから。地元で新鮮な自家焙煎珈琲が飲めるのは、紗和子さんのお店だけだからね」

そういって、厨房の隅にある銀色の機械を指さす。

「そうなんですか、凄いなあ……。そういえば、どうして紗和子さんの珈琲を、本人より渋沢さんのほうが自慢しちゃってるんですか？」

「このカフェができる前から知ってるから！」

「……え、どうして？」

あたしの問いに、カウンターの中の紗和子さんが「それはね」と答えた。

「渋沢さんが担当してくれた、市役所のIターン企画の初仕事が私のカフェだったからなの。三十代の独身女が一人で、店の物件探しや改装のための工務店探しをしようと思うと、ものすごく大変なんだけどね。そういうの全部、渋沢さんに手伝ってもらっちゃって。本当にお世話になったの」

納得してうなずいたあたしの視界の端で、渋沢さんが「いえ、こちらこそですよ！」と、勢い込んでいった。

「紗和子さんは、首都圏で開催した地方都市への移住者を募るイベントで、うちの市役所のブースに来てはじめて移住を決めてくれた人だったんですから！　移住とカフェの開店を成功させたい！　って思うの当然じゃないですか」

そういいながら、古い寿司屋をセンスよくリノベーションしたカフェの店内を眺める。

二階に続く木の階段の途中に、privateっていう札が立ててあるのを見ると、紗和子さんはカフェの二階で暮らしているんだろう。

あたしは、ちらりと目を上げてナチュラルテイストのゆるっとした服を着ている紗和子さん

を見た。化粧っけはほとんどないのに、元が凄い美人だからそのままでオシャレなライフスタイル雑誌の表紙みたいに見える。

「あの、紗和子さんは東京にいたとき、モデルのお仕事とかしてたんですか?」

思ったことを、ついそのまま口にしてしまう。紗和子さんが、ちょっとびっくりした顔をした後に、困ったように手を横に振った。

「モデルとか、そういうのはしたことないよ。東京では、ほとんど家に帰れない……みたいな、超激務の会社に勤めてたから、華やかな世界とはまったく縁がなかったな」

「えっ、どうしてそんなブラックな……」

そこまでいって、はっと口をつぐむ。初対面なのに、ずけずけと踏み込むような質問は失礼だ。

けれど紗和子さんは、あたしの質問にまったく気を悪くしてるふうもなく、軽く肩をすくめて笑った。

「渋沢さんが出店ブースを出していた、地方都市IターンUターンフェアにあたしがふらふら行ったのだって、激務がひどすぎたせいだもん。なんかこう、人生リセットしたくなって。ワーキングホリデーで海外に行くには、三十歳の年齢制限超えちゃってるし。地方都市でのんびりカフェでもやって……っていう、現実逃避があっという間に現実になっちゃった。っていうのは、自分でも驚きだけどね」

そういうと、カウンターの前に座っている渋沢さんに、「ねー？　びっくりだったよね」と声をかける。渋沢さんが、ちょっと照れたように首を傾げた。

「市役所としては、せっかくIターンを希望してくださった方の移住計画には全面的に協力したいですから！」

「それって、狙った獲物は逃さない！　ってこと？」

「カフェ開店後の常連客確保として、ボランティアグループのミーティング場所にもさせていただいていますし」

　そういうと、二人は声を揃えて笑う。

　仕事の縁で知り合っても、こんなふうに仲良くなれるっていいなあ……。なんて思っていると、渋沢さんが機嫌のいい顔をあたしに向けた。

「本当に、最近いい流れが来てると思うんだよね。美優さんはUターンで地元に帰ってきてくれたし、紗和子さんみたいなIターンはまだ数は少ないけど、この街はもっと活気があって住みやすい場所になっていくんじゃないかなって気がして、嬉しくなっちゃう」

「渋沢さんは、本当に地元大好きなんですね」

あらためて感心した気持ちでいうと、渋沢さんがちょっと照れたように笑った。

「当然、っていっちゃうと傲慢な気もするんだけどね。ここが好きだ、みんなにも素晴らしい場所だって知ってほしいと思うのは本当だから」

あたしは返す言葉もなく、ただ感心してしまった。

ここまでストレートに地元愛を口にできるって凄い。あたしなんて、国道沿いに車のディーラーとパチンコ屋とショッピングモールしかない地元なんか大嫌いだって思ってたのに。

そんなあたしが、同じ年代の友達が欲しいなんて理由だけで、地域活性化ボランティアに参加して本当にいいのかな……。

そのとき、カウンターの中に立っている紗和子さんが、あたしの気持ちを読んだかのように、

「大丈夫だよ」といった。

「渋沢さんは熱血で暑苦しいけど、自分と同じテンションをボランティアのメンバーも持つべき、みたいな押し付けはしないから。実際、私もIターンってことになってるけど、ここに永住するつもりで来たわけじゃないしね。地方都市でカフェをする生活に飽きたら、また別の場所に行くかもしれないし」

「引っ越しちゃうんですか？　こんな素敵なカフェ作ったのに⁉」

驚いて聞き返すと、紗和子さんは笑顔でうなずいた。

「Iターンした土地で死ぬまで暮らすと思うと重いけど、いざとなったら自分はどこにでも行

けるんだと思っていれば、見知らぬ土地で暮らすのもワクワクする。そう思わない？」

そう水を向けられたものの、あたしは素直にうんとはいえなかった。

だって、仕事はどうするの？　また一から店作りをはじめるのしんどくない？　それとも就職活動のやり直し？　それって、年齢を重ねるたびに正社員に採用されにくくなるよね。リスク高すぎる！

渋沢さんが、眉をひそめて紗和子さんに「やめてくださいよ」といった。

「島村さんは、Uターンしてきてくれたばっかりなんですから。それに誰も彼も、紗和子さんみたいにお金のために働かなくていいわけじゃないんですよ」

「えっ、紗和子さんてお金持ちなんですか!?」

つい条件反射で口に出していってしまう。すぐにはっとして口元を押さえたけど遅かった。渋沢さんは驚いた顔をしてあたしを見ているし、紗和子さんは、なんだか笑いたいのを耐えているような表情だ。

あたしは慌てて、顔の前で両手を振った。

「いや、違うんです！　あたし、東京で暮らしてるときお金がなくて電気代とか払えなくなっ

ちゃって！　だからお金の貯め方や使い方を、もっとちゃんと考えようって毎日頑張っているところなので、お金にものすごく興味がある……というか……」

なんとか説明しようとしてみたが、ますます墓穴を掘った気がする。がっくりと肩を落として、珈琲を口に運びながら伏し目がちに二人を見た。

渋沢さんが、カウンターに身を乗り出すようにして肘をつく。

「そういえば、会社でインタビューを受けてくれたときも、そういってたよね。お金の話は別に恥ずかしいことじゃないから、そんな顔しないでよ」

冗談めかしてそういう渋沢さんに、カウンターの中の紗和子さんも笑顔でうなずいた。

「お金に興味があるなら、お金の話がどうして恥ずかしいと思うのか、一度じっくり考えてみたらいいんじゃないかな。……あ、あと私は別にお金持ちじゃないよ。株を少しやってるのと、不動産経営の勉強して、アパート一棟を買って大家さんになっただけだから」

「アパートを一棟!?　アパートって、普通の女の人が一人で買えるもんなんですか!?」

「うん、買えるよ。独身の女が、自分が住みもしない中古アパートを一棟買うっていうのは、さすがにちょっと驚かれたけどねえ」

そういって紗和子さんがころころと笑う。あたしは、びっくりして開いた口がふさがらなくなってしまった。

普通、三十代の女性が買う不動産って、小綺麗なマンション一室とかだよね？　自分が住みつつ結婚したら賃貸に出すことを考えて、駅チカのマンションを何十年ローンで買う……、みたいな記事を女性雑誌やＴＶで見たことがある。だけど……。

「えっと……。じゃあ、このカフェも紗和子さんが買っちゃったんですか……？」

おそるおそる問いかけると、紗和子さんが目を丸くして、またころころと笑った。

「買ってないよー。ここは地方移住Ｉターン企画で紹介してもらった、リノベーションＯＫの賃貸物件」

「賃貸に住んで、賃貸の家賃を受け取ってるんですか？　なんでそんな面倒な……」

「うーん、それはだってさあ」

そういいながら、紗和子さんはカウンターの上にひとさし指を立てて、くるりくるりと二つの輪を描いた。

「こっちの丸が、私が持ってる千葉の中古アパート。こっちの丸が、このカフェ兼自宅。アパートは十室満室で家賃が一室六万円。カフェ兼自宅の家賃は、五万円」

「えっと……。自分が住まないアパートを持ってて、自分がよそで部屋を借りてても……、月に五十五万円、年収六百六十万円。……えええっ!?　働かないで年収六百万円以上!?」

指折り数えて椅子から転がり落ちそうになる。カウンターの中で、紗和子さんがうふふと首を傾げて笑った。

「実際にはアパートを買ったときのローンの支払いや、改装積立金とか、いろいろあるから。働かずに年収六百万円以上ってわけじゃないんだけどね。不動産経営と株を合わせて、やっとそのくらいかな。年収でいったら、私より渋沢さんのほうが凄いよー。一桁違うもん」

「えええっ、そうなんですか⁉」

思ってもみなかった展開に、あたしの頭がついていかない。

渋沢さんは、市役所勤務でしょ？　一桁違うって、年収一千万円以上⁉　三十そこその地方公務員の女の人が、なんで⁉

渋沢さんが、カウンターに肘をついたまま照れくさそうに頭を振った。

「確かにあたしの父親の収入は増えたけど、あたしは家の手伝い。……という形で、たくさん稼げて休みも取れてキツくない、兼業農家のビジネスモデルを作ろうとしてるところ。地元に、稼げてやりがいがある仕事がある！　ってわかれば、若い人たちがもっと地元に残る気になるんじゃないかと思って」

「渋沢さんち、兼業農家だったんですか⁉　……なんか凄いですね、そこまで考えて家の仕事と市役所の仕事をして、年収一千万円以上かあ……」

二人が語る金額の大きさに、頭がぼうっとしてしまう。紗和子さんと渋沢さんは、ごく普通に働いているみたいに見えているのに、びっくりするようなお金を毎月動かしていたんだ。

あたしは、しみじみと感心して深い溜息をついた。


「ほう、かふぇおーなー兼投資家と、公務員の兼業農家とは。副業でしっかり稼いどる友人ができてよかったにゃあ」

帰宅した早々、自室に飛び込んでベッドの上で眠っていた静六ネコを揺り起こしたあたしは、静六ネコの前で大きくうなずいた。

「うん！　静六ネコに副業の話をされたときは、会社員の副業ってコンビニのアルバイトくらいしか思いつかなかったけど。こんな身近に副業で稼いでる人がいたなんてびっくりだよ！」

ちょっと興奮しているあたしの言葉に、静六ネコがふんふんとうなずく。その動きのたびに頭の上にぴんと伸びた長毛の寝癖がゆらゆらと揺れた。

「そうだにゃあ。それと、美優の会社の、海外物販をやっとる女子大生。それも副業みたいな

ものにゃ」

「あ、そうだよね。アキラさんの本業は大学生だ。……女子大生が月に八十万円も稼いでいると思うと、やっぱりちょっといらっとするし、お金の話赤裸々にしゃべるのも、なんか嫌味かなと思っちゃうけど！」

軽く唇を尖らせていう。静六ネコが、笑ったように目を細めた。

「美優は、たくさん稼いでいる若者にいらっとして、嫌味だと思うわけか。ワシはにゃあ、**金というものが経済生活の手段である以上、決してバカにしてはならないと思っているんにゃ。この意味において、私は金を大切にする人、ハッキリする人、軽く考えない人を、少なくとも、そうでない人より信用しとる**」

「——うん」

「金を儲けてバカになる奴はあるかも知れにゃいが、なかなかもって、バカには金儲けができるものではにゃい。どっかエライところがあるに相違ないんにゃ。ワシは金儲けの成功者の、そのどこかであっても、一応敬意を表すべきだと考えておるんにゃ」

静六ネコが、かかかっ、と後脚で耳の横を掻きながらのんきにいう。あたしは、軽く唇を嚙みしめて、静六ネコを見つめた。

「確かに……、アキラさんはものすごく真剣で、人の話も聞こえないくらい没頭して仕事してるの見て、この人ただのチャラチャラ大儲けの人じゃなかったのかも。と、思ったけど……」

「そうにゃ。**金儲けに成功したのを悪くいわれるのは、金儲けしそこなった者の嫉妬にゃ。ワシは正しい金儲け、ヤミとかヤミがかったうすぐらい金儲けでない限り、いつ誰がなにをやっても結構だと思っとるにゃー**」

「嫉妬かあ……嫌だなあ。でも、嫉妬しちゃうんだよね……」

深いため息をつきながらいってしまう。静六ネコが、寝癖がついた頭を撫でつけながら、のんびりとした声でいった。

「それが人の気持ちというものではあるにゃあ。しかしにゃ、**真の金儲けはただ徐々に、堅実に、急がず、休まず、自己の本職本業を守って努力を積み重ねていくほか、別にこれぞという名策名案はない。それに、金儲けだけが〝金と人生〟ではにゃい。――金によって精神の独立を裏づけるのも、人生における一つの生き方、できた金をどう使うかも、大切な問題にゃ**」

とうとうと語る静六ネコの前で、あたしはしおしおとうなだれた。

「お金って深いんだね……。なんかこう、いっぱいあれば偉い！　いっぱいあれば凄い！　みたいなイメージしか持ってなかった」

「多ければ偉いわけではにゃいが、少なければ、それだけ不自由を強いられるのは事実にゃ。

だから美優も、心身引き締めて、蓄財という雪だるまの芯となる、まとまった金を貯めることにゃ。その方法は、最近出会った者たちの『投資方法』を参考にすると良い」

「……え？　アキラさんとか、渋沢さん紗和子さんがやってること？　あの三人がしてるのは副業で、投資じゃないでしょ？」

「副業も自己投資の一つになり得る。自分自身に投資して、新しい収入の道を作る。投資をはじめるために、蓄財という雪だるまの芯となる『まとまった金』を、自分自身への投資に使う。それも一つの方法にゃ」

「そうだったんだ……！　投資って株しか思い浮かばなかったけど、皆みたいな働き方をするのも投資だったんだ。なんか、やっとわかってきた気がする！」

　あたしは静六ネコの前で、小さくガッツポーズを作った。

　静六ネコが、撫でつけても撫でつけても、ぴんと立ち上がる頭の上の寝癖を放置して、にっこりと笑った。

第五章

私はこのままならぬ世の中を処して、これをままにするただ一つの秘法を知っている。それは、この世の中を、ままならぬまま、在るがままに観じて、避けず、おそれず、自らの努力を、それに適応させていくことである。

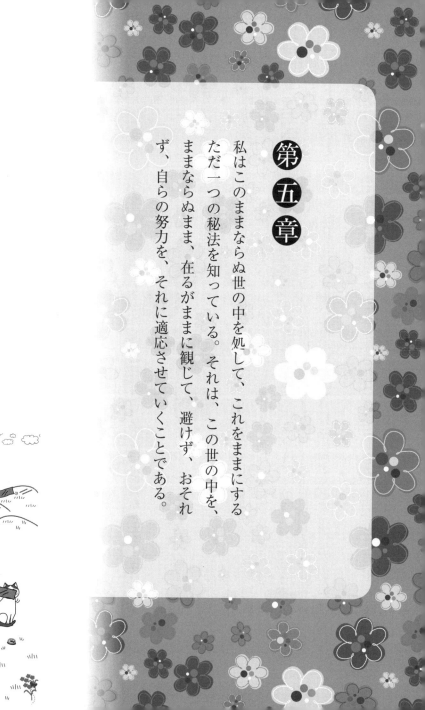

「――美優、もしかして朝からずーっと机にへばりついていにゃいかー？」

背後のベッドから、静六ネコに問いかけられる。あたしは、パジャマ代わりにしている高校時代のジャージ姿のまま、はっと息を止めてノートパソコンの蓋を閉めた。

「おはよう、静六ネコ！　いい朝だねっ！」

笑顔を作って振り返ったものの、あたしのベッドの上に座っている静六ネコは、不審感がありありと表れている顔だ。相変わらず、頭の上には寝癖で立ち上がった毛がゆらゆらと揺れている。

「おはようどころではにゃい、もう昼にゃ。寝間着から着替えもしないで、なにを熱心に見ていたんにゃ？」

「あ……、いや、これは……」

言葉を濁しながら、あたしはノートパソコンをじりじりと机の奥のほうに押しやる。

「美優がそんなに長い時間、見入っているんだからにゃあ。さぞ面白い代物なんだろう」

そういうと、静六ネコはひらりとベッドから床に降り立って、あたしの足元までやってきた。

「いや、べつに面白くないよ！　こっちの仕事にも慣れてきたし、久しぶりにパソコンをネットにつないだついでに、大学時代の友達の近況を読んでただけで！　ずっと読んでなかったから溜まってて！」

「そのわりには背中に緊張感が漂っていた気がするがにゃー……。ほれ、開けてみろ」

静六ネコは、その大きな体に似合わない軽々とした仕草であたしの勉強机に飛び乗った。ノートパソコンの蓋を、ぺしぺしと前脚で叩く。

あたしは観念してノートパソコンの蓋を開けた。Facebookのニュースフィードがディスプレイいっぱいに表示される。静六ネコが横から首を伸ばすようにして、写真と文字が整然と並ぶ画面を上から下まで眺めた。

「なんにゃ、食い物の写真ばっかりか。なになに、〝セルフイメージを上げるために、高層ホテルの最上階にあるレストランでランチ会に出席してます。今週、二回目の自己投資!〟とな。まったく……自分の値打ちが銀もしくは銅でしかないのに、暮らしのほうは金にしたい。金メッキでもいいから金に見せかけたい。情けない虚栄心としかいいようがないにゃ」

「静六ネコ、字読めたの!?」

あたしは思わず大声でいってしまう。静六ネコが、ウルサイというふうに耳を揺らした。

「同然にゃ、ワシを誰だと思っとる。伝説の明治の大富豪、本多静六にゃ」

偉そうにふさふさのネコ毛で覆われた胸を張りながら、静六ネコがキーボードの上下ボタンに丸い手を置いた。たたーっと画面をスクロールさせる。

次々と現れる、これぞ「リア充」って感じの写真と、意識高い系文章の羅列……とにかく、なんというか、焦らなきゃいけないような、追い詰められる気持ちになる言葉と写真がどんどん現れる。

そう、この感じ。これが辛くて、東京で就職活動していた時期にFacebookを見るのを止めていた。

あたしは蒲田の狭い部屋で、毎日、少しずつお金が減っていくのに怯えながら、リクルートスーツに着替えて、面接してもらえる会社に行く電車賃すら惜しくて、ひと駅ふた駅歩いているというのに。新卒で就職していた大学の友人たちは、やりがいのある仕事と彼とデートと意識高いっぽい言葉が散りばめられた記事をFacebookに投稿している。

もう、なんだか絶対に無理。そう思って、スマートフォンからFacebookのアプリを削除したんだ。

「――正直、見なきゃよかったって後悔してます」

なぜか敬語で静六ネコに頭を下げてしまう。

貴重な休日の午前中を、人様が高級ホテルで自己投資なランチ会したり、セルフイメージ高めつつ海外リゾートに出掛けている写真を延々と見て、地味極まりないいまの自分と引き比べて落ち込むという、非常に生産性のないことをしてしまった。

はあぁ、と溜息をついて肩を落としたあたしの腕を、静六ネコが軽く叩いた。

「美優は、ここに書き込んでいる者どもが羨ましいのか？」

「うーん……」

ストレートな静六ネコの問に、あたしは言葉を濁した。

「羨ましいというより、『お金は使えば使うほど入ってくる！』とか『セルフイメージを高めると幸運になる！』みたいなことといって、楽しいことばっかりしている友達と、あたしの地味な暮らしの違いってなんなんだろう、って」

「にゃるほどにゃ。日々倹約をするよりも、せるふいめーじとやらを上げるために派手に散財して、なぜか金が入ってくるほうが楽そうだからにゃあ」

静六ネコの言葉に、うん、とうなずく。突然、静六ネコの猫パンチがあたしの肩にヒットした。

「痛っ！　なにすんのよ！」

「愛のムチにゃ！　心して受け取るがいいにゃっ」

さらに爪出しパンチまで繰りだそうとしている静六ネコの前脚を慌てて摑む。かなり無理やりな感じで、あたしは大きな静六ネコの体を抱っこして止めた。

「うにゃ！　降ろすにゃー！」

抱っこ嫌いの静六ネコがばたばたと暴れだしたので、あたしはひとまず、机の上のノートパソコンの側に静六ネコを降ろす。長いシッポを太くして、静六ネコがふうふうと全身で息をついた。

「まったく……、このワシが直々に金の貯め方を伝授しているというのに、素人の小娘が書いている駄文にふらふらするとは情けにゃい！」

「すいません」

つい、頭を下げて謝ってしまう。静六ネコは、憤慨した顔のままノートパソコンの画面をぺしぺしと前脚で叩いた。

「貧乏に苦労し、貧乏し抜いてこそ、人生の意義や事物の価値認識をいっそう深めることができるんにゃっ。貧乏したことがある人間でなければ、本当の人生の値打ちはわからないし、また堅実に、生活の向上をめざしていく努力と幸福は生じてこないにゃい！」

「いや……。でも、それって極論じゃない？　貧乏しなくても、幸せそうに暮らしてる人、いっぱいいるし……」

ぶつぶつと呟きながらFacebookの画面を見る。彼女たちは、多分、生まれたときからずっと豊かだったと思う。

静六ネコが憤慨した顔で長い毛を逆立てながらいった。

「確かに、**貧すれば鈍するというのも事実にゃっ。人は貧乏してくると、自分自身が苦しいのみならず、義理をかき、人情をかき、したがってまた恥をかく**」

「だよね……。あたし、貧乏嫌だったもん。公共料金払えなくて恥ずかしかったし」

もごもごというと、静六ネコが、ふっさりとしたネコ毛に覆われた首をゆるく横に振った。

「金というものは貴重なものにゃ。誰しもあればあるに越したことはないと思うにゃ。ところが、世の中には、往々間違った考えにとらわれて、この人生に最も大切な金を頭から否定してかかったり、反対に、金を持っているだけで自分はエライと勘違いしたりする」

「うん……」

「いったい何事でもそうであるが、口先や筆先ばかりで金の話を人にするよりは、自分がまず実践してみせ、しかるのちに人にすすめてこそ大いに効果があるんにゃ。ところが、いかに良いことでも、自分が実行して相当の成果を挙げたことを人に教えるときは、なんだか自慢話になってやりにくい。美優の古い友人が書いていることは、口先や筆先での金の話にゃ。おまえには、もっと身近に生きた金の話をしてくれる者たちがいるはずにゃ」

そういうと、静六ネコは長いシッポを一振りして机から飛び降りた。そのまま、とことこと半分開いたままだったドアをすり抜けて部屋から出て行ってしまう。

中身は明治の伝説の大富豪とはいえ、さすがネコ。気まぐれにお散歩にでも出かけたのかもしれない。

あたしはあらためて学習机に向き直った。引き出しからメモ帳を取り出して、静六ネコにいわれたことを書き出してみた。

あたしの回りにいる、自分が実行して相当の結果を挙げた人。普通に毎日会社に行ってお給料をもらう以外の方法で、現金収入を得ている人といえば……。

アキラさん　→　海外物販サイトとネットショップ。
渋沢さん　→　公務員と兼業で、実家の農家の労働環境改善と収益ＵＰ。
紗和子さん　→　カフェオーナー兼、不動産と株の投資。

渋沢さんと紗和子さんには、ボランティアの初顔合わせの日に、簡単に仕事の内容を教えてもらっている。

まず、渋沢さんの公務員兼業農家。

これは、地方公務員という安定しているものの、お給料以上の収入は望めない仕事と並行して、週末に農業をするというビジネスモデルだ。

公務員は基本、副業は禁止。普通の会社員でも、副業は社則で禁止されていることが多い。しかし実家が農家の場合は、家業の手伝いになるので、会社の許可を得やすいらしい。

いまは地方自治体で、就農体験とか、就農サポートなどをしている。都会から、エコでロハスな暮らしを求めて地方都市に転居し、地方自治体のサポートを受けて専業農家として独り立ちした例も、もちろんある。

だけど現実の農業は、エコでロハスでスローライフだけじゃない。

家みたいに、定年退職後、近所の専業農家さんの農地と農機をまるごと借りて専業農家してます。みたいな、半分趣味的な農業だって、早起きして畑に行くし、土日は必ず休むなんて無理。生きている植物相手の仕事に、カレンダーの休日は通用しない。

それに、定期的な収入の目処が立ちにくいという難点もある。

今月働けば、来月決まったお金がもらえるわけじゃない。植物は種を蒔いて、収穫するまで三、四ヶ月はかかる。リンゴなどの果物や米は、一年がかりで育てて、収入は一年一度だ。

当然、まったく現金が入ってこない月が年に何回かあるから、その間の生活費や、来年蒔く種や苗の代金の工面をしなくちゃいけない。

緑豊かな大自然の中で、額に汗して働いて充実したスローライフを！　みたいな気分でいると、早々に現実と理想のギャップで嫌になってしまう。

……と、まあ。日本の農業の現状は、こんな感じで厳しいわけだけど。渋沢さんは、それを全部踏まえた上で、安定した収入を得る公務員と農業のいいとこ取り。というビジネスモデルを立ち上げて、目下、実践中だそうだ。

いままでの農家の主流だった、家族だけで作物を育てるビジネスモデルを捨てて、実労働の大部分をパートさんに任せ、家族はそのサポートと生産管理だけを行う。

計画的な生産管理で収益を上げつつ、休日もきっちり取れる。「辛くなくて儲かる兼業農家」というビジネスモデルが主流になれば、地元で働く若者が増えるはずだという。

――なんか、部外者のあたしが聞いていても、渋沢さんは凄いことをしているんだ……って思う。なのに渋沢さん自身は、やりたくてやってることだし、別に大変じゃないよ。と、あの爽やかな笑顔でいっていた。

次に、紗和子さん。

紗和子さんは東京で会社勤めをしていたとき、激務過ぎる仕事を長く続けるの無理だと気づ

いて、セミナーやスクールで株式投資と、不動産賃貸経営のスキルを身につけたらしい。

そして貯金がある程度貯まったところで、収益性の高そうな中古アパートを見つけ、銀行からの融資を受けてアパート一棟を購入。毎月の家賃収入から、銀行に返済するお金を引いた残りを自分の収入にしている。

アパートをまるごと一棟買っちゃうスケールの大きさに驚くと、紗和子さんは「自分で住むなら、一生かかってマンションの一部屋かもしれないけど、投資だから。ちゃんと借り手がつく物件を見極めて、返済と家賃収入のバランスを考えて、ある程度の頭金が用意できたら、条件にあう中古物件を探して、買うだけだよ」などと、のんきにいう。

「……とはいっても、渋沢さんの兼業農家や紗和子さんの株とアパート大家さんは、あたしがすぐはじめるには無理だよねえ」

ということは……。消去法でいくと、アキラさんのインターネットを使った海外物販か……。

あたしはなんとなく、煮え切らない思いでメモの上のボールペンをぐりぐり動かした。

年上の渋沢さんや紗和子さんに、お金の話を聞くのは参考になるしありがたいんだけど。

派手な格好して高いバックを持ってて、最新機種のノートパソコンを操りながら、自分が働かないでもお金が入るビジネスオーナーを目指してるんだーなんていってる、あの女子大生にお金の話を聞くのか……でもそれしかない……！

　そんなことを考えていると、階段をとんとんと上ってくる足音が聞こえた。ノックの音もなしに、ドアがいきなり開いた。

「美優、お母さん出かけるから。セイちゃんにお昼ごはんあげてね」

「お母さん……。いつもノックして、っていってるじゃない」

　不機嫌な顔でいっても、お母さんはまったく気にする様子もない。はいはい、と生返事でうなずいた後、「じゃあ、よろしくねー」といってドアを閉めようとした。

「あ、ちょっと待って、お母さん！」

　思わず声をかけたあたしに、お母さんが首を傾げる。

　あたしは、自分がなにをいい出そうとしたのかわからなくなってしまって、唇をぎゅっと噛んだ。

　お母さんは、あたしが実家に帰ってきて、会計事務所の正社員にしてもらえたってことを、心の底から喜んでいる。

　初給料が出た後、生活費といって三万円渡したときなんて、ほんとにものすごく喜んじゃっ

て。社員として雇ってくれた会計事務所の先生にお礼に行かなくちゃとかいい出して、それだけはやめてって必死で止めた。

その会計事務所の仕事をしながら、別の方法でお金を稼ごうとしていることをお母さんが知ったら、なんていうだろう。

多分きっと、そんなことやめなさい！　会社の仕事を一所懸命して、早く結婚相手を探しなさい！　くらいのことしかいわないだろう……。

「どうしたの？　セイちゃんのごはんは、いつもどおり台所の棚にプレミアム・キャットフードがあるから。あんたのご飯は、自分でなんか作って……それとも、チャーハンかなにか作っておいてあげようか？」

「大丈夫、ご飯は自分でできる……、ええっと、どこに出かけるの？」

慌てて誤魔化すようにいうと、お母さんが少し困ったような顔をした。

「セイちゃんのおばあちゃんのお見舞い。……ちょっと具合悪くなっちゃったみたいで心配だから」

「えっ……、セイちゃんのおばあちゃん具合悪いの？　ねえ、病院にセイちゃん連れて行ってあげられないかな。おばあちゃん、セイちゃんに会えたら元気がでるんじゃない？」

思いついていってみたが、お母さんはますます困った顔になった。

「病院にペットは入れない決まりなのよ……。おばあちゃんの部屋、病棟の一番奥の一人部屋だから、話し相手がいないのが寂しいらしくて。窓から見える大きな銀杏の木を眺めては、セイちゃんは銀杏が大好きで……。って、いつもいうの。セイちゃんに会わせてあげたいんだけどね……」

「……そっか」

会いたくても、入院している間は会えないのか。そう思うと、ずっしりと気持ちが重くなる。

お母さんが、「じゃあ後はよろしくね」といって部屋を出て行く。あたしはお母さんの足音を聞きながら、窓の外を眺めた。

うちの庭にも、大きな銀杏の木がある。その木の下に、小さな丸い影があることに気づいた。

「静六ネコ……?」

じっと丸まっている静六ネコの後ろ姿は、なんだかひどく寂しそうに見える。静六ネコも口に出していわないだけで、病院のおばあちゃんに会いたくてたまらないんだろうな……。

第六章

人は学校をもってのみ物を学ぶ機会と考えているが、人生、学校で学び得るくらいは知れたもの、職業の精進によって初めて本当の人格は磨かれ、広汎的確な生きた知識を獲得することになるのである。

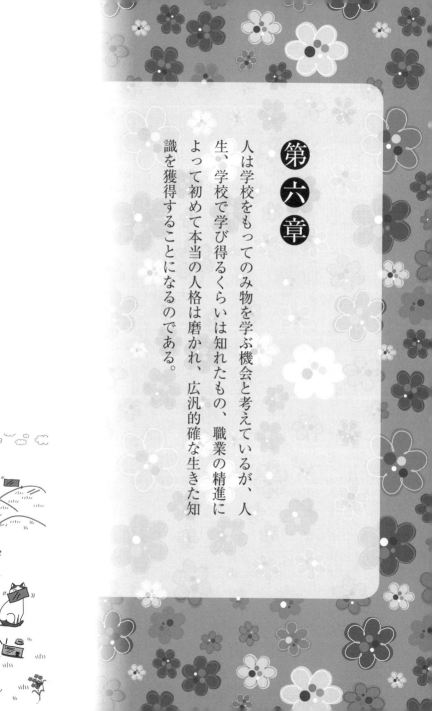

「というわけで、お願いします！」

あたしは、いつものように会社の机で仕事をしていたアキラさんの隣で、そういって頭を下げた。

アキラさんの、目にも留まらぬ早さでキーボードを打っていた手が止まる。いま、気づいたようにあたしの顔を見た。

「えっと……、あたし、美優さんとなんか話してたっけ？」

「話してましたよ！」

あたしは、今朝、アキラさんが会社で仕事をしているのを見かけてから、昼休みになるのを待ちかねて、やっと話しかけたのに！　いままでのあたしのお金とのかかわりあいを一から話したのに！

本気で苛立ったけど、もう一回、東京で正社員になりたくてもなれず……っていうところから説明する気になれず、「とにかく、どうやって儲かる仕事をはじめたのか教えてください！」といい切った。

アキラさんが、渋い顔をして腕組みをする。今日は女優みたいなツバ広の帽子の代わりに、小さなシルクハットの形をしたヘッドアクセサリーを付けていた。着ている服は、ゴスロリっぽいデザインのレースワンピース。同じレースのニーハイソックスに、事務所のスリッパをつっかけているのだけが、ちょっとアンバランスだ。

あ、今更だけど、アキラさんがパソコンしているときに話しかけたのマズかったかな。
しょっちゅう帰省している感じがしていたアキラさんだけど、静六ネコと話をした後、アキラさんにあらためて話を訊こうと思ったら、なかなか事務所に顔を見せなかったので、実は焦っていたんだ。

「……三十万」

そんなことを考えていたあたしの耳に、アキラさんの声が聞こえた。あたしは、はっとしてアキラさんを見る。アキラさんが、もう一度「三十万」といった。

「はい？」

「海外物販サイトのアカウント登録から発送、クレーム対応テンプレートまで含めたマニュアルとマンツーマンの個人コンサルタント料、定価四十万円のところ、いまなら特別価格三十万円」

「えええっ、お金取るんですか!?」

腰が抜けるほど驚くっていうのは、多分、こういう感じだと思う。あたしは、アキラさんの横のデスクの椅子に、すとんと腰を下ろしてしまった。

あらためて、アキラさんの机の上に載っているノートパソコンの画面を眺める。細かな数字が並ぶウィンドウと、短い文章が連なるウインドウが表示されていた。

アキラさんが、文章のほうのウインドウを全面表示にする。立体的な薔薇のネイルアートが施されている爪の先で、ここ、というふうにノートパソコンの画面を示した。

「いま、この登録した人同士しか見られないクローズドのSNSで外注さんと打ち合わせしてたところなんだけどね。もし、あたしのコンサル受けるなら、美優さんもこれに登録して、仕事でわかんないことがあったら二十四時間、回数無制限で質問OK。あたしからの回答は、八時間以内には必ず。っていうフォローアップも料金内」

「あの！　あたし、別にアキラさんにコンサルお願いしますなんていってないんですけど！　話を聞かせてくださいっていっただけですよ!?」

「え？　そうだったの？」

きょとんとした顔で、アキラさんが言葉を返す。

やっぱりこの人、ぜんぜん話聞いてなかったんだ……。そう思うと、がっくりと力が抜けてしまう。

「そもそも、なんなんですか。コンサル料三十万円って。アキラさん、外注さん三万円で働かせてるくせに、まだ儲けるつもりなんですか」

「えー？　あたしのコンサル料と外注さんの外注費は、まったく別の話だし。それより、あたしに話を聞きたいって、結局、なんの話だったの？」

「ええっと……つまり……」

　あらためて聞かれると、どこから聞けばいいのかわからなくなってしまう。あたしは、アキラさんがこちらに向けてくれたノートパソコンの画面をちらりと見た。細かい数字と英文がびっしりと並んでいる。

「アキラさんの仕事って、こんな難しそうな画面を使いこなさなきゃできないんですか……」

　あたしの視線に気づいたように、アキラさんもノートパソコンの画面を見る。軽い仕草でうなずいて、カーソルを一番上の数字のあたりに移動させた。

「見慣れないと難しそうに見えるだろうけど。マニュアルさえあれば、なんとかなるレベルだよ。基本的に、やってることは大昔からあるビジネスモデルだし」

「大昔って、海外物販サイトが？」

　思わず訊き返すと、アキラさんが笑いながら、違う違うというふうに手を振った。

「物を売り買いする商売ってこと。お金が発明される以前の、物々交換だった時代から物販は

あるわけじゃない？　それだけ昔からある商売なら、そう簡単になくなりはしないし。インターネットで世界中の人と売り買いするのは面白いんだよ」

「そうなんですか……」

こんな複雑そうな画面の中で展開されているのは、欲しいものを欲しい人に届けて、自分も欲しいものをもらう、というシンプルなことだったんだ。

「――もしも……、もしもの話ですよ？　あたしも、アキラさんと同じように海外物販サイトに出品する仕事がしたいな……っていったら、どうしますか？」

「うん、やれば？」

おそるおそる問いかけたあたしの言葉に、アキラさんはあっさりとうなずく。あたしは、がっくりと肩から力が抜けてしまった。

「すっごい簡単にいいますよねー、アキラさん」

「だって止める理由ないし。美優さん、お金好きなんでしょ？　だったら、会社員として働きつつ、インターネットで海外物販すればいいよ」

あたしのほうに向けていたノートパソコンを、自分のほうに引き寄せながらいう。

このままじゃ、またアキラさんは自分の仕事に没頭してしまって、話が聞けなくなる！

そう思ったあたしは、つい「三十万円！」といってしまった。

アキラさんが、驚いた顔であたしを見る。あたしは、眉間にシワを寄せて盛大に葛藤しつつも、喉の奥から声を絞り出した。

「アキラさんのコンサル受けたら……あたしも月に八十万円稼げるようになりますか……!?」

「うん、まじめに実行すればいけると思う。オリジナルの仕入先を見つけられれば、月、百万でも二百万円でもいけるかもしれない。海外物販は独学ではじめることもできるけど、最初はわかんないことが次から次に出てきて、挫折しやすいから。常時質問できるコンサルつけとくほうが合理的だと思うけど」

　そこまでいって、にっこりと微笑む。あたしはもう、なんだかがっくりと肩を落としてしまった。

「ホントのことといえば、月、百万とか二百万稼ぐとかいう夢みたいな話より、あたしの大事な貯金が最初に三十万減るのが心理的にキツイんですが……」

「なにいってんの、初期費用はもっと掛かるよ。物販に出す売れ筋の商品、自腹で仕入れなきゃいけないいから」

「……し、仕入れ!?」

「登録したばかりのときは、出品商品の合計金額が日本円で三千円以下。みたいなリミットが

掛けられてるんだよね。だから売れ筋の安い商品をなるべくたくさん出品して売上の実績出して、リミットアップを申し込む、ってことになるの。家にある不要品を出品することもできるけど、落札件数が増えなくちゃリミットアップできないからね」

「なんか……本当に本格的な話になってきちゃってる気がするんですけど……。海外物販って、会社勤めしながら片手間でちゃちゃっと稼げるんじゃなかったんですか……？」

アキラさんが、まじめな顔をしてゆっくりと首を横に振った。

「片手間でちゃっちゃと稼げるのは、外注さんの仕事。仕事を立ち上げて軌道に乗せるまでが、ビジネスオーナーの仕事。……で、ここは重要だからちゃんと聞いて」

そういって言葉を切る。あたしは、すっかり弱気な逃げ腰になってしまっている気持ちを、なんとか引き立てて背筋を伸ばした。

「海外物販サイトに出品をはじめても、半年くらいは時給二十円くらいにしかならない！」

えっ、という声すら出ない。あたしは、その後もアキラさんが説明してくれる甘くない話……在庫商品がキレイに売れるわけじゃない。売れ残り在庫は、いわゆる不良在庫としていつまでも家に残っているから、見るたびに嫌になる。最初の半年間、売上が上がらないのはあたり前だと思って淡々と努力し続けられればいいが、結果が出ないことに焦って投げ出してしまう人も多い。など、「コンサルタント料、三十万円」なんか、まだまだ甘かったと思うような世知辛い話を披露してくれた。

そして最後に、「まあ、ゆっくり考えてみればいいんじゃない？」といって、アキラさんは何事もなかったかのようにノートパソコンに視線を戻した。

そして、あっという間に画面に集中したアキラさんの隣で、あたしはしばらくぼんやりと動けなかった。


「ねえ、静六ネコはどう思う!?　インターネットで海外物販！」

仕事から帰り、自分の部屋に飛び込んだあたしは、これまた相変わらず、あたしのベッドの上で丸まっていた静六ネコに声を掛けた。「うみゅー？」といいながら顔を上げた静六ネコは、またすごい寝癖がついている。顔の右側の毛が全部、左側に流れてしまっているのだ。

「どんな寝方すれば、こんなすごい寝癖がつくの……？」

あたしは思わず、カバンの中からスマートフォンを取り出して、強風に吹かれたスフィンクスみたいになっている静六ネコの写真を撮影してしまう。

「こりゃこりゃ、写真を撮るときは本人の許可を得てからにしてほしいにゃー」

「あ、ごめん。つい」

ぺこりと謝りつつ、静六ネコの前に座る。あらためて、「ねえねえ、静六ネコ!」と声を掛けた。

「事務所のアキラさんに海外物販の話を訊こうとしたら、三十万円でノウハウ教えるっていわれたの! あたし、どうしたらいいんだろう!?」

「どうしたら、とは? 美優は財産と名のつくものが欲しかったといっとったはずだがにゃー?」

そういうと、可愛らしく首を傾げてみせる。あたしは、ちょっとむっとして唇を尖らせた。

「そうだけど! だから、どうしたらいいんだろうと思ったの! 三十万円出して、お金を稼ぐためのノウハウ買うって、どうなの!?」

「どうもこうも……。**金は、ただ貯金するだけでは増えにゃい。貯めた金を有益な事業に投資してこそ、まとまった財産となる。**つまり、「アキラさんの海外物販ノウハウ」というシロノが、『有益な事業』になると思えるならば、いいんのではにゃいか?」

のんきに答えながら、静六ネコがふあぁあーと大あくびをする。前脚を舐めて顔を拭いはじめた。

「うーん……。でもね、海外物販をはじめるなら商品の仕入れ代とか必要だし、最初の半年くらいは、時給二十円くらいの儲けにしかならないらしいし、仕事は全部英語だし、海外の物販サイトのスタッフと電話で交渉しなきゃならないこともあるし、国によって関税とかが違うから、それも間違えたらダメだし……」

「にゃるほどにゃ。最初は儲からないばかりで、ひどく骨が折れそうな商売だにゃあ。しかし、**至富の本街道として、堅実かつ積極的な利殖方法と考えれば、悪くないかもしれん。投資とは、断じて投機ではなく、思惑となってもいかん。勤倹貯蓄で作り上げた資金を、最も有利有効に働かせるためには、そこにいささかのムリや思惑があってはならないんにゃ**」

「うん……」

静六ネコの言葉は難しいけど、なんとなく意味はわかる。投機……つまり、ギャンブルみたいな、一か八かの儲け話を、投資だと思ってはいけない。なんとかなるだろう、みたいな曖昧な気持ちで投資をはじめるのもダメだってことだ。

黙り込んでいるあたしの手に、静六ネコの丸っこい手が乗った。あたしは、不安さが隠しきれない表情のまま顔を上げる。

「美優は、金持ちになりたい。そういったにゃ?」

あらためて問いかけられて、あたしは力なくうなずく。大事なお金をまず支払うのが怖くて大騒ぎしているくせに、まだお金持ちになりたいなんていってるのはバカみたいだけど。このぐちゃぐちゃな気持ちも、あたしのほんとうなんだもの。キレイにまとめた嘘なんていえない。

静六ネコが、うみゅ、と小さく鳴いた。

「人生の最大幸福は、職業の道楽化にある。富も、名誉も、美衣美食も、職業道楽化の愉快さには比すべくもないにゃっ」

――職業の道楽化。そうだ、そうだった……！

「あたし、海外物販で日本の商品を売る仕事を、楽しんでやればいいってことなのかな？」

静六ネコの表情が、ゆるりと和む。あたしの手の甲に乗せていた前脚を下ろして、大きく一つうなずいた。

「そうか……そうだよね。はじめる前から不安になって動かないでいたら、あたしはずっとこのままなんだ。――道楽化……あたしにできるかどうか不安だけど……」

「大丈夫にゃっ！　金がなくて電気代が払えんと泣いておった娘が、月に八十万円も稼げる仕事の話を本気で考えるようになった。美優は、それだけ進歩したということにゃ」

満足そうにいうと、静六ネコは前脚を舐めて毛づくろいをはじめた。その猫らしい仕草を眺めながら、あたしは静六ネコにぺこりと頭を下げた。

「ありがとう、静六ネコ。いつもあたしを励ましてくれて」

「なにをあらたまったことを。気にするにゃ、好きでやっとるだけのことにゃー」

少し照れくさそうな顔をして、静六ネコがそういう。そして唐突に、「そろそろ夕飯かにゃー」などと誤魔化すように呟く。ベッドから飛び降りて、ほんの少しだけ開いていたドアの隙間から身を滑らせて出て行った。

第七章

私も努力しさえすれば、人並み以上、天才近くにもなれるのだという自覚自信が、私の一生を、どれだけ力強く鞭撻してくれたかわからない。

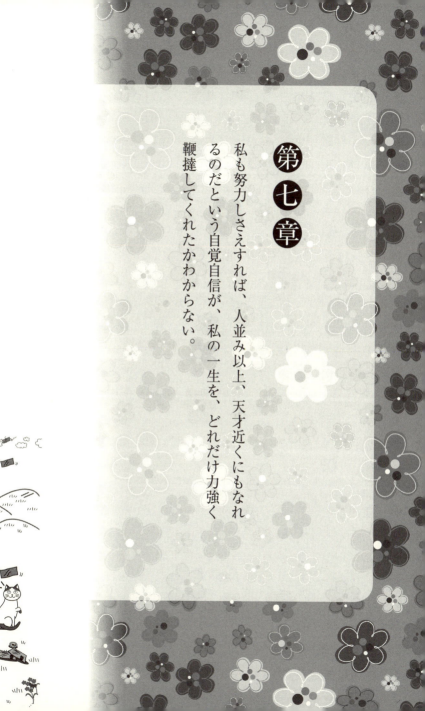

「ちょっと美優！　起きなさいっ！」

キンキンと耳に響く怒鳴り声に、あたしは布団を頭からかぶった。この後に続くのは、何時だと思ってるの!?　学校遅れるわよ！　って、怒鳴り声……あれ？　あたし、もう学校は卒業したし、今日は土曜だよね……？

まだ眠くてしょぼしょぼする目をこすりながら起き上がると、お母さんが怖い顔をしてあたしを見ていた。

「なんなの、こんな朝早く……。今日、土曜なのに……」

「このお金どうしたの」

お母さんが両手に持っているのは、銀行の名前が入った封筒……片方は、毎月お母さんに生活費として渡している三万円。もう一つの封筒には、今日、アキラさんに支払おうと思っていた三十万円……。

「えっ、なんで封筒開けてるの!?　生活費は後でちゃんと渡すつもりで……！」

「生活費のほうじゃない、この三十万円はどうしたの!?　どうしてこんな大金、銀行から引き出してきたの！　なにか変なもの買おうとしてるんじゃないでしょうね、中学や高校のときの友達に、高い化粧品や洗剤を勧められてるなら、お母さんが断ってあげるからいいなさいっ」

「ちょ……、待ってよ！　そんなの買わないよ！」

あまりの剣幕にひるみながらも、あたしは手を伸ばしてお母さんから三十万円が入っている封筒を取り返そうとした。

けれどお母さんは、あたしが三十万円をなにに使うつもりなのか、いうまでは絶対に渡すつもりはないらしい。三万円と三十万円が入っている封筒、両方を頭の上に高く掲げた。

「じゃあ、なにに使うつもりなの、こんな大金！」

「それは……」

事務所の一人娘で女子大生のアキラさんに、海外物販のノウハウを教えてもらうコンサルタント代……と、いえずに黙り込む。

インターネットで買い物をするのがあたり前の世代であるあたしでさえ、海外の物販サイトに商品を出品して利益を上げていく。なんて、最初はまったくイメージできなかったのに。携帯電話のメールとＬＩＮＥで精一杯のお母さんが、インターネットを使ってビジネスをはじめる！　なんて、絶対に理解できっこない。

「まさかとは思うけど……。この頃、出かけて行っているボランティアグループとかいうので知り合った人に、お金を貸してほしいとかいわれてるんじゃないでしょうね？」

「違うよ！　アキラさんはボランティアグループの人じゃ……！」

そこまでいってしまった後、あっ、と口を押さえる。怒っていたお母さんの顔が、急にしおしおと悲しげなものに変わった。

「美優……あんた、お金をせびるような男に引っかかったなんて……、情けない……！」

「待ってよ、アキラさんは事務所の所長の娘さんだよ！　インターネットで海外に日本のものを売る仕事をしてて、そのノウハウ教えてもらうためにコンサルタント料払うの！」

うまい言い訳を考える余裕もなく、本当のことをいってしまう。

お母さんは眉をひそめたまま、自分のエプロンのポケットから古い機種の携帯電話を取り出した。

「わかった。お母さんが所長さんに電話して、娘さんをもっと気にかけてあげてくださいって、いってあげる」

「えっ、どうしてそういう話になるの!?　所長は関係ないでしょ!?」

あたしは慌ててお母さんの携帯電話を取り上げようと、ベッドから立ち上がった。でもお母さんは、携帯電話を離さない。現金三十万円入りの封筒と携帯電話、どちらもしっかりと握りしめたまま、あたしを怖い顔で見た。

「関係あるに決まってるでしょ！　自分の娘が、新入社員からお金を巻き上げようとしてるのよ!?　子供の不始末は、親が責任取らなきゃいけないの！」

「子供っていっても、アキラさんはもう大学生だし！　あたしは、自分で考えて海外物販のコンサル受けるって決めたんだから放っといて！　会社に電話なんかしたら、絶交だからね！」

　頭の中で、母親相手に絶交って小学生でもあるまいし……とか、どうしてあたしのこと信用してくれないのよ！　とか、三十万円も払うの、あたしだって怖いけど挑戦しようと思ってたところなのに、水を差すなんて……とか、いろんな言葉が頭の中を飛び交う。でも、そのどれも口にできないまま、あたしはお母さんの顔も見ずに、三十万円が入っている封筒を取り返した。

「あたし、絶対に成功するんだから！」

　捨て台詞のようにいいながら、早足で自分の部屋を出ようとしたとき、ベッドの奥の方から、静六ネコが普通のネコのように鳴いたのを聞いた。


「はい、確かに受け取りました」

　紗和子さんのカフェのカウンターで、あたしは隣に座っている人の手元を見つめる。

怒りまくっているお母さんを振り切り、静六ネコと話す暇もないまま大事な三十万円を抱えて待ち合わせのカフェへやってきた……。そんなあたしの隣で、アキラさんがビジューつきのキラキラネイルを施した手で、ていねいにお札を数えた後にそういった。

——さよなら、あたしの大事な三十万円。毎日、コツコツ働いて、お昼ごはんは外食もコンビニにも頼らず、大きなおむすびと野菜サラダで乗り切って貯めた大事なお金を、あたしはお母さんの大反対を振りきって、自分への投資のために使っちゃうんだ！

「……なに？　そんな怖い顔して。やっぱりやめとく？　いまならクーリングオフで全額返金するけど」

そういいながら、ブランド物の真新しい長財布にあたしの……いや、もうあたしのものじゃない三十万円をしまいながらアキラさんがいう。あたしはカウンターに身を乗り出して、ぶんぶんと首を横に振った。

「やる！　あたしは、あたしに投資するんです！」

思いっきりいい切ると、隣に座っているアキラさんと、カウンターの中に立っている紗和子さんが、ぱちぱちと拍手をしてくれた。

「それにしても、美優ちゃんは勇気あるわよね。たいていの人は、コンサル料高い、余裕資金なんかないっていって、自己投資に尻込みするのに」

紗和子さんが、カウンターの中でコーヒー豆が入ったキャニスターを手に取りながら、感心するようにいう。その紗和子さんの指は、飲食業らしいナチュラルな桜色の素爪。

　あたしは、隣のアキラさんの派手なネイルと、紗和子さんの素爪を見比べた後、ちょっとため息をついてしまった。

「あたしの三十万円が、アキラさんの派手なキラキラネイル代に化けると思うと複雑な心境ではあるんですけどね……」

「えー!?　ネイルに三十万円も使わないよ！　この爪、三千円だもん」

　不服そうに頬を膨らませて、アキラさんが顔の前で手をひらひらとさせる。あたしは、目を丸くしてアキラさんの爪をもう一度見た。

「嘘でしょ、このデザインなら三万円くらいしそうなのに！」

「ネイルスクールに通ってる子の練習台になって、格安でやってもらってるんだー。あ、この髪はカットモデルで切ってもらってるからタダ。ちなみに、ブランドバッグは月額定額、バッグ交換し放題のレンタル品だよ」

　そういって、ブランドロゴが入ったカバンからシュシュを取り出して、長い髪を片手でひとまとめにする。

――お金を稼ぐだけじゃなくて、使わないほうも凄かったんだ……。

半ば呆然としているあたしの横で、アキラさんはぴかぴかのノートパソコンを開ける。その隣にｉＰａｄとスマートフォンも並べた。

「もしかして、ノートパソコンやｉＰａｄもレンタルとか中古？」

「違うよー。パソコンやモバイルは最新機種の新品って決めてるの。仕事に必要なものはケチるとパフォーマンス落ちるからね」

ノートパソコンの画面を見つめたまま、アキラさんがキラキラネイルの指をキーボードの上で滑らせる。なるほどー。とつい口に出していってしまった。

仕事道具への投資は惜しまず、ファッションに使うお金は節約する……ってことなのか。なんともメリハリの効いた使い方だ。

アキラさんがパソコンから目を上げて、カウンターの中に立つ紗和子さんを見上げた。

「紗和子さんは、カフェと並行して不動産経営……アパート大家さんしてるんでしたよね。あたしも、資金が安定したらアパートかマンションの一棟買いしたいんです。いいコンサルタントいたら、紹介してもらえませんか」

「えっ、アキラさん、さらに手を広げて儲ける気なんですか⁉　……っていうより、なんで紗和子さんが大家さんしてるの知ってるんですか⁉」

紗和子さんへの質問を横取りする形で、あたしが声を上げる。アキラさんが、気楽そうに笑って肩をすくめた。

「手を広げる気は当然あるよー。それと、紗和子さんが大家さんやっているのは、このカフェの常連客はみんな知ってる。それが田舎クオリティってやつ」

　そういうと、紗和子さんに顔を向けて「ですよね?」と確認をする。紗和子さんが、軽く笑ってあたしとアキラさんとを見た。

「美優ちゃん、積極的に稼いでいる人は、常に次の手を考えているもんなんだよ。……不動産のコンサルタントは二、三、心当たりがあるから。始めたいタイミングが来たら、また声掛けてね」

　最後のほうはアキラさんに向けてそういい、紗和子さんはカウンターの奥に置いてある焙煎機のほうへ行った。アキラさんが、紗和子さんに「よろしくお願いします」と声を掛けた後、スツールごとあたしに向き直る。開いたノートパソコンの横に、ぱんぱんに紙が詰まっている分厚いファイルを置いた。

「これがマニュアル。まったくの素人でも、これを読めば海外物販サイトの一から十までわかるようにあたしがまとめたもの。まず、これ読んどいてください」

「すごいボリューム……。これ、全部読むの？」

おそるおそるファイルをめくり、Ａ４の用紙にパソコンの画面をスクリーンショットで取り込んで、チェックする部分に赤や青で丸が記されている画像と、細かくびっしりと書かれた解説文を、くらくらするような気持ちで眺める。アキラさんが、大きくうなずいて自分のノートパソコンの電源を入れた。

「当然ですよー！　読破しなきゃ。あたしに渡した大切な三十万円が全部ムダになると思えばできますって。あ、もし挫折しても、途中返金はしませんからねー」

冗談めかしたようにいうアキラさんの前で、あたしは思わず言葉に詰まってしまう。

「冗談ですって！　大事なコンサル生を簡単に挫折させるわけないでしょ」

緊張と怖れで固まっているあたしの顔を覗き込むようにして、アキラさんが笑う。なんだかちょっと気持ちが楽になって、あたしはぎこちなく笑みを返した。

「わかった、頑張る……！」

「うん、一緒に頑張りましょ！　美優さんはあたしのコンサルタント第一期生だからね、成功してもらわなきゃ、あたしのコンサルタント事業が最初からつまずいたことになるし！」

「ちょっと待って、第一期生って!?　まさかあたし実験台!?」

聞き捨てならない言葉に、反射的に食って掛かってしまう。アキラさんが、しまった、という顔をして慌てて首を横に振った。

「いや、違うよ！　えーとほら、ゲネプロ？　コンサルのリハーサル的な？」

「やっぱり実験台じゃない！」

「リハーサルでも本気出していくから！　むしろ、本番より張り切ってるから！」

　カウンターでぎゃあぎゃあといい合うあたしたちの向こうで、紗和子さんが笑いながら香りのいい珈琲を淹れている。そして、「まあ、頑張って」と、本当にひとごとのように励ましてくれた。


「なかなかの厚さだにゃあ、この三十万円の説明書は」

　そういいながら、静六ネコが学習机の上にひらりと飛び乗ってくる。

　紗和子さんのカフェから帰って来た早々、机に向かっていたあたしは、静六ネコが「なかなかの厚さ」と感想を述べた、アキラさんのマニュアルファイルをぐいっと引き寄せた。

「机の上に乗らないでよ。マニュアル見えなくなっちゃうじゃない」

とげとげしくなってしまう声でいいながら、ノートパソコンの画面とマニュアルを交互に見比べる。そのあたしの横で、静六ネコが片脚を舐めてのんきに毛づくろいをはじめた。

「もう！　邪魔しないでよ、いま集中してるのに！」

「おお、怖い。しくじったらどうしよう、うまくいかなかったらどうしよう、悲壮な声が聞こえてきそうな顔をしているにゃー？　今朝、母君にさんざん叱られたことも耐えておるのかにゃ？」

細い目をさらに細めて、静六ネコがからかうようにいう。あたしは、ぐっと喉で息が止まったような気がした。

「そうだよ！　三十万円もかかるコンサル料の元が取れなかったらどうしようと思うし、英語わかんないし、本当にすっごく緊張してて本気なの！」

「まあまあ、そう怒るにゃ。——**投資とは、株でも事業でも、必ず自分の金でやること。自分に与えられた信用利用の範囲内でやること。投資対象の実態をしっかり摑んでかかること。たとえ元も子もなくなる場合があっても、ただそれだけの損で済む範囲内にとどめること**」

「元も子もなくなるって……縁起でもない」

あたしは思わず手を止めて、机の上に座っている静六ネコを軽く睨んだ。

「まあまあ、そう膨れるな。どちらにせよ、美優はどんなにひどい失敗しても、三十万円の損しかしにゃい。あとは焦らず、怠らず、時の来るのを待つ。**この時節を待つことが、投資成功**

の秘訣なんにゃ」

　のんきそうにそういうと、静六ネコは机の上に開いたままになっているノートパソコンの画面を覗き込んだ。

「海外に日本の商品を売るなど、明治の頃は大会社しか手が出せない特別な商売だったというのに、時代は変わったもんだにゃあ」

「そうだねえ……。あ、そういえば静六ネコは人間だった頃、外国旅行たくさんしてたんだよね？　外国ですぐに売れそうな日本の商品ってなんだと思う⁉」

　つい好奇心が湧いて尋ねてしまう。

　アキラさんのマニュアルには、最初の仕入れは自分が売りたいものではなく、確実に売れそうで軽くて少額のもの。例えば、コンビニで売っている人気アニメの小さいフィギュアみたいなものを出品して、実績を作る。と書いてあるんだけど。そういう小さなもので実績を作った後は、高額で利益が出やすい商品を見つけて、専門店っぽい展開にすることを勧めている。

　薄利多売で数をこなすより、欲しいもののためにはある程度まとまったお金を払ってくれるお客様をメインターゲットにするほうが、利益率が高い上にトラブルが少ないらしい。

静六ネコが、ノートパソコンの画面から視線を上げる。あたしの顔をまじまじと見つめた。

「美優は、なにを出品したいと思っているんにゃ?」

「いや、あたしの話じゃなくて。静六ネコが外国行ったときの話を聞きたいの」

そこまでいうと、静六ネコがふっさりとしたネコ毛で覆われた顔を左右に振る。デキの悪い生徒に手を焼く家庭教師のようにため息をついた。

「金儲けは万人に門戸開放、機会均等。何人にも禁じられてはいない。世の中で、一番ありふれて、一番真剣なのが金儲けの道でさえあるとさえいえる。――いま、困っておることの相談ならいくらでも聞こう。しかしまず、自分の意志をはっきりと口に出せ。自分の意志をあやふやにしたまま人に聞いていていては、己がぐらつくだけにゃ」

あまりにもまっとうな静六ネコの言葉に、あたしはまったく反論できない。

アキラさんのコンサルを受けて、海外輸出のマニュアルをもらったとはいっても、そこに載っているハウツーだけ。あたしが、どうしたい、という意志は、マニュアルには載っていない。あたしの意志を、静六ネコに決めてもらうわけにもいかない。

そんな基本中の基本の心構えを、静六ネコに突きつけられてしまった。あたしは、がっくりと肩を落とした後、意を決して顔を上げた。

「わかった。あたしの仕事は、まず、あたしが考えるところからはじめる!」

「うみゅ。すべては美優の意志ありきにゃ。世の中に金というものがなくならない以上、金を無視して何人も生活することはできにゃい。社会に財産権というものが存在する以上、これを自分勝手に否定してはだれしも一人前の世渡りはできにゃい。日々研究、日々更新、日々実行、それさえできれば、美優は成功できるにゃ」

静六ネコが長いシッポを一振りして、満足そうにうなずく。あたしは、なんだか嬉しくなってしまって、ノートパソコンに向きっきりだった体を静六ネコのほうに向けた。

「ありがとう、静六ネコ！　あたし頑張る！」

宣言するようにいうと、静六ネコが満足気にふさふさの長いシッポを振る。よく見ると、今日も静六ネコの顔はひどい寝癖がついていた。頭の真上にアンテナのように毛が伸びていて、シッポの長い毛が半端に絡み合い、二股に分かれている。

――ネコの妖怪、猫又の特徴ってシッポが二本になっていることだったような……。

そんなことを頭の隅で思いつつ、あたしはアキラさんのマニュアルファイルをもう一度引き寄せた。商品を出品するセラーとして、登録直後の出品商品の例が載っているページを開く。

比較的落札されやすく安価なアニメの小型フィギュア。というのは、さっき読んだ。次にお勧めなのが、家庭の不要品。

——不要品……お母さんが貯めこんでるもので、売れるのないかな……。

あたしはマニュアルを眺めながら眉をひそめた。節約好きのお母さんは、くれるというものなら、なんでももらってきてしまう。押入れと物置には、商店街の福引でもらったわけのわからないキャラクターグッズや、食器、手芸好きの友達が作ったという手作りの布バッグやパッチワーク小物、断捨離が流行ったとき、友達が捨てようとしていた古い着物や帯、コートや洋服などが、大量にしまいこんである。

いままでだったら、お母さんと喧嘩したら一ヶ月はロクに口をきかずに過ごしていたけど……。背に腹は変えられない！

「決めた！　押入れと物置のガラクタを出品させてもらおう！」

宣言するようにいったあたしの横で、静六ネコが満足気に、にゃあと鳴いた。

第八章

真の幸福そのものは、比較的、進歩的のものであるから、常に耐えず新たな努力精進を要するものである。

「ええっと……帯の端をこう結んで……、あれ？　どうなってるの？」

土曜の早朝、あたしは部屋の姿見の前で一時間くらい前から、じたばたと暴れていた。

机の上のパソコン画面は、初心者でもカンタン！　はじめてのキモノ――という動画が流しっぱなしになっている。

「ああ、もう見ていられないにゃー。違う、帯はもっと上に引き寄せてから、ぎゅっと引っ張るんにゃっ！」

ベッドの上から飛んでくる呆れ声は、いわずと知れた静六ネコのもの。最初は、着物に着替えるんだから部屋から出てってよ！　といったあたしだったけど、静六ネコが意外にも着付けに詳しいものだから、ありがたく助言を受けつつ着物と格闘しているのだ。

ことの発端は、あたしが海外物販用に家の押入れを漁っていたときだった。

次々出てくる手作りの布小物の写真を撮って、画像と説明文を物販サイトにアップしていると、お母さんがものすごい不機嫌な顔をしたまま、「こういうのほしいなら、物置にもたくさんあるけど」と、いってきたのだ。

あたしが、せっかく貯金した三十万円を注ぎ込んで、わけのわからない副業をはじめようとしているのは、まったく理解できないし理解したくない。でも、あたしが家の不要品でなにかをしようとしているのは気になる……という感じだ。

あたしは、家の中にたくさんあるガラクタ……いや、海外物販サイトに出品する不要品を整理しながら、あたしがこれからやろうとしていること……日本の商品をインターネットを使って海外に販売するということを真面目に話した。

お母さんは、三十万円もの大金を会計事務所所長の一人娘のアキラさんに支払ったことは、相変わらず気に入らないという顔をしていたけれど。押入れと物置の中のものを売りたいなら、売って構わない。こんなガラクタだけじゃなく、知り合いに譲ってもらったいい着物があるから、それも売ればいいと申し出てくれたんだ。

「……よし、なんとか帯らしい形になったにゃー」

半ば無意識に腕を動かしていたあたしは、静六ネコの声にはっと我に返った。

「凄い！　あたし天才！」

赤い縞の入ったアンティーク着物に、金茶色の半幅帯。お太鼓とかを結ぶ帯の半分の太さの半幅帯なら、初心者でも簡単に結べると動画サイトで紹介されていたのは嘘じゃなかった。

感謝を込めて動画サイトを流していたノートパソコンを見ると、画面中央にメールの着信を

示す表示が出ている。

表示をクリックすると、いきなり全文英語のメールが現れた。ちょっと前までのあたしだったら、英文だ！　ってだけで大慌てで、スパムメールとして削除していただろうけど、いまは違う。

海外物販サイトで全世界のお客様と英文でやり取りしているんだもん。はじめてまだ二ヶ月だけど、先週は三万円もする国産レースのショールが売れて……って、あれ？

あたしは届いた英文メールを目で追いながら、頭からすーっと血の気が引いてくのがわかった。慌てて全文コピーをして、英文翻訳サイトを開く。英語↓日本語。になっている表示窓に英文をコピーして、直訳になった日本語文を読んだ。

「――どうしたんにゃ？　血相変えて」

静六ネコが、そういってあたしの机の上にひらりと飛び乗ってきた。

「この間売れた、三万円の国産レースのショールがキャンセルになってる……。もう商品発送しちゃってるのに！」

静六ネコが、驚いたように両耳をぴっと立てる。うーみゅ……と低い声で唸った。

「想定外のトラブルが起きたときは、落ち着いて対処するんにゃ。――今日、これからの予定をいってみるにゃ」

「今日は……月一回の、アキラさんに直接コンサルを受ける日で……」

「ならば、このぱそこんを持って行って相談するんにゃ。経験豊富な者であれば、対処法も思いつくというもの」

「……うん」

あたしは、不安でたまらない気持ちを押し殺して、なんとかそれだけをいう。ノートパソコンの蓋を閉じて、通勤用に使っているリュックの中に押し込んだ。アキラさんと待ち合わせをしている、紗和子さんのカフェまで自転車で二十分。着物で出かけるつもりはなかったけど、気が急いて着替えをする余裕がない。

あたしは机の上に座っている静六ネコに「行ってきます！」といい残し、着物の肩にリュックを背負って飛び出した。


「えっ、一度振り込まれた代金、カードの不正利用申し立てされて返金になった？　それ、よくあるチャージバック詐欺だ。まんまと引っかかったんだ、ダサっ！」

フゥ…

「……ちょっと待って……。じゃあ、あたし被害者ってことじゃない!? どうして被害者のあたしが、ダサい呼ばわりされなきゃいけないのっ」

アキラさんの言葉の暴力に負けじと、あたしは今日も派手な格好をしているアキラさんを睨みつけた。


着物姿のまま、必死に自転車を漕いで駆けつけた紗和子さんのカフェには、待ち合わせ時間よりずいぶん前だというのに、すでにアキラさんが来ていた。

あたしは、挨拶もそこそこにリュックの中からノートパソコンを取り出して、さっき届いたメールを見せる。アキラさんはあたしの海外物販サイトのページと、カード決済会社のページを開いていって、タブをいくつも重ねた後に、「これだわ」といった。

「落札者の名前と、カード決済会社の名前、アルファベットの綴りが微妙に違ってるでしょ? これ、わざと違う名前で登録して、商品落札後カードで支払いして、美優さんが発送手続き終えた連絡をした後に、「クレジットカードが不正利用されました」ってカード会社に申し立てて、返金させるんだよ。チャージバック詐欺の典型的な手口」

あたしはカウンターに肘をついて自分のパソコンの画面を睨みつけ、眉根をぎゅっと寄せた。

「高いレースショールが売れたのが嬉しくて、ていねいに梱包して手書きのお手紙まで書いて発送したのに……！」

あたしの言葉を腕を組んで聞いていたアキラさんが、はあ、と呆れるような溜息をついた。

「発送前に両方の住所と名前チェックすれば、詐欺は未然に防げたんだよ？　マニュアルにも書いてあったよね？」

「でも、悪いのは詐欺するほうじゃないですか！　代金の三万円、ぜったい取り返したい！」

「カード決済会社に海外発送伝票転送して、審議が通れば返ってくることもあるけど……。でもまずは、二度とチャージバック詐欺にあわないように、名前と住所の綴りのチェックを徹底するのを肝に銘じたほうがいいと思う」

逆ギレ気味にいったあたしに突っ込むアキラさんの声は、とことん冷静だ。あたしはさすがに涙目になってしまった。

そのとき、「まあ、そのくらいにしておいたら？」という紗和子さんの声と共に、香りのいい湯気がたつコーヒーカップが目の前に置かれた。

「海外物販の仕事に慣れてるアキラちゃんから見たら、美優ちゃんの仕事は甘いところが目につくんだろうけど……。美優ちゃん、地域活性化ボランティア続けながら頑張ってるよ。昨日も、ミーティングの後、一人でここに残ってパソコンに向かってたんだから」

あたしは思わず、カウンターの向こうに立っている紗和子さんを拝むような姿勢で見上げてしまった。

「ありがと、紗和子さん……。あたしの頑張り、ちゃんと見ててくれて」

紗和子さんが、穏やかな笑顔でうなずいてくれたのとは裏腹に、あたしの隣に座っているアキラさんは、ため息と共にくるんと上がったまつ毛を伏せた。

「頑張りは、実績につながってこそ評価できるものなんだけどね……。それで今日はなんで着物なんか着てるんですか？　お見合い？」

しげしげとあたしの頭からつま先まで眺める。あたしは、スツールに座り直して、カウンターの上のコーヒーカップを手に取った。

「うちにあった着物を出品するのに、着用写真のほうが商品イメージが伝わりやすいかな？　と思って着てみたら、メールが届いて。慌ててそのまま自転車に乗ってここまで来ちゃっただけですよ」

失った三万円の哀しみを引きずりながらも、無理やり姿勢を正す。

カウンターの向こうの紗和子さんが「着物で自転車乗ってきたの？」と驚いた顔でいう。隣

に座っているアキラさんは、ますます興味深そうな顔であたしの頭から足元までを見た。

「中古着物なら、着用写真撮って出品するのいいかもね！　家にあるものなら仕入れがかからず出品できるし、新品の着物より趣味性が高いアンティーク着物っていう売りにもできる。このまま、アンティーク着物の専門店化するのもいいかも」

アキラさんが、自分のことのように喜んでくれる。あたしはちょっと照れくさくなって、着物を着るためにアップにした後ろ髪を撫でた。……と、同時に、着物の襟がかなり崩れていることに気づく。長襦袢が波打って、背中には触ってわかるほど大きなシワが寄っていた。

――まずい、このままじゃ着物が崩壊する……！

焦るあたしの様子に気づくこともなく、アキラさんがあたしのノートパソコンの画面をスクロールした。

「詐欺の件はひとまず置いといて。心配してた今月のカードの引き落とし、大丈夫だった？　預金残高足りた？」

前回のコンサルで相談した資金繰りの件を唐突に聞かれる。あたしは、ちょっと無理をして笑顔を作った。

「ギリギリでなんとか……。為替レートさえ整えば、円転して資金繰りに回したいとこなんですけど。いま円転したらせっかくの利益が減っちゃうし」

「まあ、円高に振れるとどうしてもそうなるよね。とはいっても、カードの引き落としできなくなるほうがマズイから、残高やばかったら利益うんぬんいわずに円転したほうがいいよ」

はい。と、あたしは神妙にうなずいた。

この、二ヶ月前のあたしだったら、なんだか意味がよくわかんない単語の数々……為替レート、円転、資金繰り、円高に振れる……とかなんとか。これらはすべて、輸出ビジネスの日常会話だ。

海外物販サイトに日本の商品を出品して、落札を待つ。という一連の流れの中で、あたしがしていることは、まず、海外物販サイトで売れている日本の商品……あたしのお小遣いの範囲で買える値段のものをチェックすること。

新人セラーが出品できる出品枠は、十品、合計約五万円以内。その範囲内で、商品をアップしつつ、落札数がある程度溜まったら、海外物販サイトに直接電話して、十品五万円というリミットを、例えば二十品十五万円。みたいにだんだん上げていく。

「じゃあ、手数料払って円転して、仕入れ代金を確保する……！」

カウンターに両肘をつき、苦悩する姿勢でいったあたしに、アキラさんが「もう詐欺に合わないように、チェックもしっかりね」と追い打ちをかけてくる。

「わかりました！　じゃあ、あたし今日はそろそろ失礼しますっ」

崩れかけている着物の帯を肘で押さえつつ、ノートパソコンをリュックにしまって席を立つ。

「おつかれさまー」と手を振るアキラさんと紗和子さんに頭を下げた。

アキラさんのコンサルは、もっぱらパソコンのチャットやスカイプを介して、わからない箇所があったら即聞き、即教えてもらう！　っていうスタイルなんだけど。月一回、こうやって紗和子さんのカフェでみっちり教えてもらうとやっぱり、気持ちの入り方が違う。

「とりあえず、着物が崩壊しなくてよかった……」

ため息混じりにつぶやいて、あたしは紗和子さんのカフェの前に停めておいた自転車にまたがった。着物を着て自転車なんて信じられないかもしれないけど、車以外の交通手段がほとんどない田舎じゃ、そんなことといってられない。

街の中心部から、あたしの家までは徒歩一時間。自転車なら二十分。だったら、多少の無理は無視して自転車でしょう！

えいやっ、と気合を入れてあたしは自転車を漕ぎ出した。


「ただいまー。静六ネコ、起きてるー？」

部屋に帰るや否や、あたしはそういってノートパソコンの入ったリュックを窓際の机の上に置いた。

「……あれ？」

窓際ギリギリの位置に、あたしのスマートフォンが置いてある。ここにあるということは、あたし、携帯持たずに外出したんだ！

「ぜんぜん気づかなかった、最近ほんとに携帯使ってないからなあ……」

呟きながらスマートフォンを取り上げる。そうなんだ、海外物販サイトへ出品する作業をはじめてしまうと、仕事以外のプライベートはこれ一色になってしまう。

会社から帰ってきて、まず物販関係のメールをパソコンでチェック。ご飯とお風呂と明日の準備をしたら、もうひと仕事。最初の頃は、集中し過ぎて気がつくと窓の外が明るくなっている……ってことも、一度や二度ではなかった。

そんなことを考えながら、何気なくスマートフォンのボタンを押す。いきなり、写真アプリの画面が現れた。

「なにこれ……」

思わず両手でスマートフォンを握り、親指をスライドさせて次々と写真を見る。

――あたしが、着物姿で自転車に乗り、出かけるところが連写されている……!?

「おお、帰っておったかー」

とてとてとネコらしくない大きな足音をたてて、静六ネコがあたしの部屋に入ってきた。さっきまで寝ていたのか、今日もすごい寝癖がついた顔をしている。

「ねえ、静六ネコ！　この写真なに!?」

「なに、とは？」

子猫のように可愛らしく首を傾げる。あたしは、スマートフォンの画面を静六ネコの目の前に突きつけた。

「ああ、これか。窓のところにあったやつを踏んだら撮れたから、つい面白くて数回踏んだけにゃ」

「ネコの肉球で踏んでも写真って撮れるんだ……」

あたしはスマートフォンをさっきと同じ窓際に立てかけた。画面を覗くと、さっきの写真どおりの庭が映る。

あたしは、なんだか体から力が抜けたような気分になって、ため息をつきながら学習机の椅子にへたり込んだ。

「なんというか……、スマートフォンまで使いこなされちゃうと、化け猫感出ちゃうっていうか……。今日もシッポ、二股になっちゃってるし」

「これは寝癖にゃっ、ワシは化け猫ではにゃい！」

そういいって、静六ネコはひらりと机の上に飛び乗ってきた。

「で、今朝の入金トラブルの理由はわかったか？」

「うん……。チャージバック詐欺っていうのに引っかかったみたい。ちゃんと事前にチェックしておけば防げたミスだっていわれちゃった」

あたしの声はしょげたものだったのだろう。静六ネコが、慰めるかのようにあたしの手の上に丸っこいネコ手を置いた。

「詐欺というのは、金をバカにする行為にゃ。**金をバカにする者は、金にバカにされる。これが、世の中のいつわらぬ実情にゃ。同じように、財産を無視する者は、財産権を認める社会に無視される。**美優は悪くない、そう気を落とすにゃ。次から注意すればいいにゃ」

「うん……」

「あらゆる仕事はあらゆる芸術と同じで、初めの間こそ多少苦しい。しかし誰もが自分の仕事を天職と確信して、迷わず、疑わず、一意専心努力していれば、いずれ仕事に面白みが生まれ、

職業の道楽化となるんにゃ」

　そういいながら、あたしのスマートフォンの上に、まるっこい前脚を置いてしゃっしゃっと画像をスライドする。次々に現れる、あたしの着物自転車姿の後に、静六ネコの大写しの写真が現れた。

「うーみゅ……。うちのばあさんも、ワシのこういう顔を写真に撮っては、『いいね！　がたくさんついた』とか喜んでおったにゃあ」

「静六ネコのおばあちゃん、SNSやってたんだ!?　なにに写真UPしてたの？　Facebook？　ブログ？」

　思わず問いかけたあたしに、静六ネコは首を横に振る。てしてしと前脚でスマートフォンの画面を叩いた。

「いんすた。とかいっとったにゃ。文字をあまり打ち込まなくても、ネコ友達と交流できて楽しいらしい」

「おばあちゃん、インスタグラムやってたんだ！」

　インスタグラムが流行りだした頃、あたしは東京であくせく働いて、挙げ句の果ては再就職

難民になっていたので実際に使ったことはないけど、若い子の間ではインスタグラムがＳＮＳの主流になっていることは知っている。

そんな若者文化だと思っていたインスタグラムを、静六ネコのおばあちゃんはこんな田舎で満喫していたらしい。本当にネットの世界は、田舎に住んでいるとか、歳をとっているとか、そういう垣根がまったくない。本人がやろうと思って、実行すれば道は開ける。

――ということは、あたしもこの写真を……。

あたしはスマートフォンを取り上げて、静六ネコが撮ったあたしの着物姿を見つめた。

遠くから撮影しているし、適当にボタンを押しただけだから見切れちゃってるものも多い。だけど、自転車に乗って着物を着て、背景は田舎の田園風景って、外国の人が見たら珍しいと思うかもしれない。

「どうしたんにゃ？　美優」

スマートフォンを握ったままのあたしに、静六ネコが問いかける。あたしは、ぱっと顔を上げて静六ネコを見つめた。

「静六ネコ、正直に答えて！　特別可愛くもキレイでもない子が、インスタで顔出ししてたらどう思う⁉」

「別にどうも思わないにゃ」

静六ネコが端的に答える。あたしは、スマートフォンを握ったまま眉根を寄せた。

「まったく参考にならない……。あたし、静六ネコが撮ってくれた写真をインスタにＵＰして、海外物販のお客様にアピールできないかな、って思いついて……」

「おお、それは良い！　いんすたは、時勢を味方に付けることに等しい。努力しながら時節を待ては、成功するということ間違いなしにゃっ！」

「うん、あたしもアイデアはいいと思うんだけど……。自分のこの顔を、ＳＮＳにさらす勇気が……」

「なにをいっておるんにゃっ！　顔の一つや二つ、どーってことないにゃっ！　自分が前に出て商品を売る経験は、絶対に美優のためににゃる！」

　力強い静六ネコの言葉に、あたしは怯んでいた気持ちが掻き消えたような気がした。

　そうだよ、あたしがＳＮＳに顔出しするのは、仕事のため！　こんな普通の顔なのに、とか、恥ずかしいとか、そういうことを考えてる場合じゃない！

「わかった！　あたし、インスタに毎日写真ＵＰする！　静六ネコ、手伝ってくれる!?」

　唐突なあたしのお願いに、静六ネコは目をぱちくりさせる。しかし、すぐににんまりと笑った。

「事いまだ成らざるは、時節いまだ来らざることを信じて、さらにいっそう努力をつづけ、その時節の到来を待つ。その時節の到来は必至。わかったにゃ、いくらでも手伝ってやるにゃ！」

こうしてあたしは、静六ネコと一緒に、ＳＮＳを使った販促活動に乗り出したのだった。

第九章

人間は活動するところ、そこに必ず新しい希望生まれてくる。希望こそは人生の生命であり、それを失わぬ間は人間もムダには老いない。

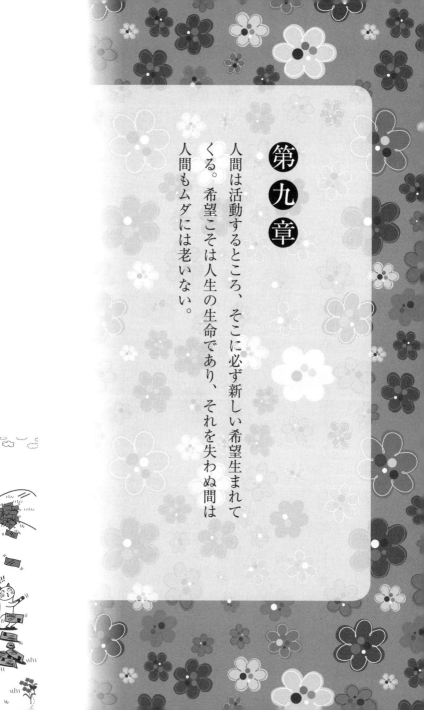

「さて、本日はお日柄もよい、めでたい給料日だにゃ美優」

慌ただしく朝の身支度をしていたあたしは、あらたまったような静六ネコの声に思わず振り返った。

静六ネコは、いつものようにあたしのベッドの上で両足を香箱に組んで座っている。長いヒゲを揺らして、もう一度「給料日だにゃ」といった。

「……うん、そうだけど。お給料の大半は、仕入れと発送費に回しちゃってて、貯金は四分の一貯金しかできてなくて……」

「貯金残高を聞いているわけではにゃい。今日は給料日だにゃ、といっただけにゃ」

なにか含みを持たせているような静六ネコの言葉が気になる……。けれどあたしの朝は秒刻みだ。

うちの会計事務所は副業禁止の規定はないから、あたしがアキラさんのコンサルを受けて、海外物販ビジネスをはじめたことは、事務所の人全員が知っている。そんな状態で遅刻なんてしたら、いかにも副業のせいで本業に支障が……ってことになってしまう。だから、絶対に遅刻はできないのだ。

「お給料日なのは間違いないいんだけど、あたしほんとに時間ないいんだ！　要件は端的にお願いします！」

姿見の前で長い髪を一つにまとめ、ものすごく適当にファンデーションを頬に乗せながら、鏡越しに静六ネコを見る。

静六ネコが片脚を上げて、かかかっと耳の後ろを掻いた。

「**いかなる名案も、いかなる努力も、時勢に逆行しては敗けである。表面にあらわされた社会事象から、その逆の動きをみてとることは、時勢に逆行するものではなくて、むしろ、一歩先に時勢に順応するものである。**……というわけで、そろそろ家族に意識を向けてもいい頃合ではにゃいかな？　この家に帰ってきて、ちょうど半年。いい区切りだと思うがにゃ」

「えっと……、意味がよくわかんないんだけど」

最後の仕上げに口紅代わりのリップグロスを塗りながら、ベッドの上の静六ネコを見る。今日の静六ネコの寝癖は、顔の左右の毛がそれぞれ外側に向かって爆発しているかのようなありさまだ。

「物事はできるだけ自分自身で考え、判断し、取捨し、適用もしくは順応して生かし、自己を育て、築き、磨き上げていくことが大切だからにゃ。ワシのいっとることがわからないと思うにゃら、時間をかけてゆーっくり考えてみればいいにゃ」

「じゃあ、通勤の自転車で考える。……あ、静六ネコ写真撮っていい？」

問いかけると、静六ネコが「うみゅ」とうなずく。

あたしはスマートフォンを構え、すごい寝癖がついていても賢者の風格で座っている静六ネコを撮った。あとはこれに、静六ネコがよくいう名言ぽい言葉を英訳してインスタグラムにアップして……。

そこまで考えたところで、あたしは腕時計にちらっと視線を落とした。机の上から通勤用のリュックを取り上げる。インスタグラムにアップは、会社の昼休みにやろう！

「ごめん、その話はまた後で！　いってきます！」

静六ネコの返答もきかずに部屋を飛び出す。階段を駆け下りて玄関に立つと、傍らに潰したスチール缶が入ったゴミ袋が置いてあるのが目に入った。お父さんが毎晩飲んでいる発泡酒だ。

――そういえば、お父さんが発泡酒じゃない、普通のビールを飲んでるの見たことあったっけ？

あたしは玄関を出て自転車にまたがり、ふとそんなことを思う。力いっぱいペダルを踏み込み、なんとなく意識の外に無理やり追い出していることがあるような気分になる。

ぐんぐんとスピードを上げて、両側に田んぼが広がっている田舎道を疾走しながら、いままでのこと……この田舎道を四十分かけて小学校に歩いて通っていた頃から、中学、高校と順を追って思い出してみた。

そうだ、あたしが高校生のとき……。大学は、東京に行きたい。っていった日から、お父さんの晩酌がビールから発泡酒に変わった……。

新発売のお酒が出たから買ってみた、みたいなこといってたし。その頃のあたしは、お酒の値段なんかわからなかったから気づかなかったけど。お父さんはあたしの進学費用を少しでも貯めるため、大好きなビールを止めて安い発泡酒にしてくれたの……？

そういえば、元々節約家だったお母さんが、いっそう節約に励んでモノを貯めこむようになったのも、あたしが高校の頃だった……。

ぐんぐんスピートを上げて走る自転車が巻き起こす風が、あたしの前髪を容赦なく吹き飛ばす。なんだか、鼻の奥がつんとしてきた。

今朝、静六ネコがいったのはこのことだったのかもしれない。


「あ、おはよー。miyu-japan」

からかい混じりのアキラさんの声に、あたしは眉をひそめる。

ここはあたしが勤めている会計事務所、つまりアキラさんの実家。必死に自転車を漕いだおかげで始業時間十分前に到着できたのはいいんだけど。社員はまだ誰も来ていなくて、アキラさんだけが事務所で仕事をしている。

あたしは不機嫌になってしまう表情を隠しもせずに、アキラさんが座っているデスクの隣、あたしの机の上に通勤用のリュックを置いた。

「会社で miyu-japan って呼ぶのやめてくれません？　仕事ともう一つの仕事は、ちゃん区別したいと思っているんです」

「なるほどー、立派な心構え！」

からかい混じりの声でアキラさんがいう。その机の上に置いてあるスマートフォンの画面は、インスタグラムになっていて……。

「もうっ！　あたしのインスタ、会社でチェックしないでよっ！」

そうなんだ、アキラさんが「miyu-japan」って呼ぶのは、あたしのインスタグラムの登録名。海外物販で英語圏の人に商品アピールしたいって動機ではじめてるから、登録名も、写真に載せる文字もコメントハッシュタグも、全部英語で頑張っている。

アキラさんはあたしの剣幕なんか完全に無視して、スマートフォンの上に指を滑らせる。あたしがUPした写真についた「イイネ」の数のあたりを指先で叩いた。

「この数、凄いよね。〝プロフェッサー・キャット〟の格言！　これを、寝癖ブサカワネコの写真につけてUPするだけで、何百何千のイイネがついてる。ネコ人気のお陰で、美優さんの着物写真にもイイネが流れてきて、海外物販の宣伝になってるんだもん！」

アキラさんが見ていたのは、ネコ毛が爆発しているかのような寝癖がついた静六ネコのアップだった。その画像の下に、あたしが静六ネコの言葉をネット翻訳を駆使した英語で打ち込んでいるのだ。

例えば、物事はできるだけ自分自身で考え、判断し、取捨し、適用もしくは順応して生かし、自己をそだて、築き、磨き上げていくことが大切である。～Things as much as possible thinking on their own , to determine , to rejection or adoption , taking advantage to apply or adapt , brought up the self , build , it is important to go polished .

面倒といえば面倒に違いないけど、仕事のプロモーションだもん、頑張る！　……と、思ってはじめたら、自分の着物写真の合間に載せた静六ネコの写真のほうが、凄い人気になっちゃって。静六ネコがいうことを、プロフェッサー・キャットの言葉って書いたら、なんかほんとに人気爆発しちゃって。

「正直いうと、複雑な気分ではあるんですけどね……。海外物販の仕事を軌道に乗せるために、

恥ずかしいの我慢して着物着て顔出しする！　って決心したのに、大人気になったのは静六ネコですからね」

「へー、プロフェッサー・キャットって、静六ネコっていうんだ。ネコまでが名前？　変わってるねえ」

そういうと、静六ネコの寝癖ブサカワ写真の下にある、あたしがアンティーク着物を着てポーズを取っている写真をクリックした。イイネの数は、静六ネコの四分の一にも満たない。だけど、静六ネコ人気のお陰で、単なる着物女子の写真にしてはイイネの数が多い。静六ネコの飼い主として、あたしを認識してくれている人が一定数いるということだ。

アキラさんはひとしきりあたしのインスタを眺めると、「じゃあこの調子で頑張ってねー」といい残し、自分のノートパソコンの画面に視線を向けた。そこからは、隣にいるあたしなんか視界の端にも入っていない表情で、一心不乱にキーボードを叩く。

――そうなんだよね……。アキラさんって、一見ちゃらちゃらした派手な女子大生にしか見えないけど、この仕事に向き合う集中力はもの凄いんだ。あたしも、こういうところは見習わなくちゃと思う。

そんなことを考えながら、次々出社してくる会計事務所の社員の皆さんに朝の挨拶をした。

お給料日後の土曜は、ふだん閑散としている地元商店街にほんの少し活気が戻る。

あたしは普段着のジーンズとコットンシャツという色気のない服装で自転車を漕ぎ、紗和子さんのカフェへ向かっていた。昨日、会社で顔をあわせたばかりだけど、アキラさんの月一回の対面コンサルを受ける日だからだ。

――この商店街、子供の頃はもっと活気があって明るかった気がするんだけどな……。

そんなふうに思いながら、信号待ちをしつつ昔からある酒屋さんを眺める。贈答用として箱詰めになっているプレミアムビールをじっと見つめてしまい……いやいやいや、と首を振った。

お父さんがあたしの大学進学のために、ビールを発泡酒に変えてくれた……って気づいたけど。だからって、だからって……!

そんなことを考えている間に、紗和子さんのカフェに着く。あたしは古い引き戸を開けて、「こんにちはー!」と挨拶をした。

ノートパソコンを開いてカウンターに座っているアキラさんと、カウンターの中の紗和子さんが「いらっしゃい」と声を掛けてくれる。あたしは小さく会釈して、アキラさんの隣に座っ

た。

背負っていたリュックから、ノートパソコンを取り出そうとしたあたしに、アキラさんが唐突にいった。

「美優さん、そろそろ出品と発送を外注さんに任せるタイミングだと思う」

「ちょっ……待ってください！　あたし、まだ何の準備もしてないです！」

慌ててノートパソコンを開きながら、アキラさんのノートパソコンを覗き込むと、あたしの海外物販用の管理ページと、あたしのインスタグラムが別窓で表示されていた。

「待つとか、そういうまどころっこしいのナシ。インスタで人気が出てるいまのチャンス逃さず即行動だよ。さっさとアウトソーシングサイトで外注さん募集したほうがいい」

「外注さんて、あたしが会社に入った頃、アキラさんにスカウトされたやつですよね。会社の他に、ちゃちゃっとネットで作業して月三万。みたいな」

当時のことを……っていっても、ほんの半年前だけど。あのときのことを思い出すと、本当にいまの自分が信じられない。このあたしが、雇われる側じゃなく雇う側に立つなんて！

でも、そう思うのと同時に、もの凄い怖さに襲われてしまう。外注さんを雇ったら、ただでさえ少ないあたしの利益が減ってしまう。いまだって資金繰りかつかつなのに、毎月ちゃんと外注さんにお金を支払えるんだろうか。

そんなあたしの気持ちは、完全に顔に出ていたらしい。アキラさんが、怖いくらい真剣な表情でいった。

「外注費が増えるのは怖いと思う。でも、利益が一時的にでも減ることを怖がってたら、いつまで経っても自分一人でできる程度の商売にしかならない。マニュアルを渡して任せられる仕事は外注さんに任せて、美優さんは専門店化に専念したほうがいい」

いつになくまじめなアキラさんの言葉に、あたしはますます怯んでしまう。自分で仕事をはじめる！　って決めるのは、怖いけど頑張れることだった。だって、あたしさえ頑張ればどうにかなるんだもん。

でも、人を雇うのは違う。実際に顔を突き合わせて仕事をするわけじゃなくても、仕事をお願いしたら、あたしの肩に責任がのしかかる。あたしがちゃんと利益を出さなきゃ、外注さんの外注費を払うことができなくなる。

「──外注さんは、もうちょっと考えてから決めたい……かな」

うちに帰って静六ネコに相談しよう。一人で決断するのが怖くて、あたしは小さな声でアキラさんにいった。アキラさんが軽く息をつき、カウンターに肘を乗せる。紗和子さんが差し出してくれたコーヒーを取り上げて、そっと口をつけた。

「美優さんって、けっこう即決渋るよね。あたしたちがしてるのって、誰かに与えられた義務じゃない、ってわかってる？　自分で決めてやってる仕事なんだから、決断するのも仕事のうち。そう覚悟しておいたほうがいいと思う」

「……うん」

消え入るような声で返事をしたあたしの耳に、カフェの引き戸が開く音が届いた。

「こんにちはー！　あ、美優さん、いいところに！　……あっ、アキラちゃんも」

「渋沢さん、あたしのことオマケみたいにいわないでくれます？」

いつもどおりの明るい笑顔でカフェに入ってきた渋沢さんに、あたしの隣に座っているアキラさんが軽口を叩く。アキラさんは東京住まいだけど、実家に帰ってくるたび紗和子さんのカフェに入り浸っていて。渋沢さんのボランティアグループもこのカフェで打ち合わせしているから、顔見知りというよりボランティアグループの一員みたいな感じになっているんだ。

渋沢さんが、カウンターに身を乗り出して「来月あたまの週末、空いてる？」と、唐突に切り出した。

「それ、あたしですか？　それともアキラさん？」

疑問形で聞いたあたしに、渋沢さんが愛想のいい笑顔になる。カウンターの中に立っている紗和子さんにも顔を向けた。

「美優さんとアキラちゃん、それに紗和子さんも！　急な話なんだけど、東京で開催される物産展イベントのスタッフに加わってもらえると、すごく助かる！　という話なんだ」

「はあ……」

生返事をしたあたしの前で、紗和子さんが「それって、販売予定の品物だけ納品すればいいって話じゃなかった？」と渋沢さんに聞いている。渋沢さんが、ちょっと困った顔をして「それが、入場者数が当初の予定以上になりそうで。一番混雑する最終日の土曜だけでも、ボランティアスタッフに応援を頼めないかって話になってるんですよ」といった。

そこに、あたしの隣に座っているアキラさんもなんだかんだと口を出しはじめて、皆が話している内容をまとめるとこんな感じだった。

東京で開催される地方都市物産展に、市役所の地域観光課の取りまとめで、このあたりの名産品を販売するブースを出す。という話はずいぶん前から決まっていた。

地元企業から、委託販売という形で名産品を集め、市役所の地域観光課の職員が東京に出向いて売り子をする予定だった。

しかし、最終日の土曜の人出予想が想定していた以上で、市の職員だけでは間に合わないかもしれない！　と、こんな土壇場になって、担当者が慌てだした。

「で、地域活性化ボランティアのほうでも人を集めてくれないか、って話になったわけですか」

なんとか話の流れが摑めたあたしがそういうと、渋沢さんが神妙な面持ちでうなずいた。

「交通費は市が出すし、お弁当とお茶も出ます!」

そういって渋沢さんが頭を下げる。すると、カウンターの中の紗和子さんが「仕方ないなあ」と笑った。

「うちはもともと、珈琲豆を出す予定だったからね。いいよ、その日は店を閉めてイベント参加する」

「ありがとう、紗和子さん! 助かる!」

そんな二人のやり取りを見ていると、協力したい気持ちになる。実家に戻ってからというもの、この街を一歩も出ていないんだもん。久しぶりに東京に行きたい。でも、海外物販サイトでは外注さんを雇うか否かの微妙な時期だし、まとまった作業時間が取れる土日は貴重だし……。

「あれ、迷ってんの? 仕事とボランティア、どっち取ろうかって」

あたしの隣に座っているアキラさんが首をかしげる。あたしは、なんだか見透かされているようで恥ずかしくて、ちょっと睨む感じでアキラさんを見た。

「そうですけど! あの、いちいちあたしの顔色読むのやめてもらえます!?」

「無理無理無理。美優さん、考えてること顔に出まくりなんだもん。天然?」

「そんなことない！」

反射的にいい返したあたしが見たのは、アキラさん渋沢さん紗和子さん、三人の「わかってないのって、本人だけなんだよなあ」とでもいいたげな、にやにや笑いだった。


「――あれ？　お母さん、出かけてたんだ……」

紗和子さんのカフェから自転車を漕いで家に帰ってきたあたしは、いままさに家の横にある車庫に軽乗用車を入れようとしているお母さんを見て自転車を止めた。

田舎では、大人は一人一台車！　というのがあたり前だから、うちの車庫には、いまお母さんが乗っている軽乗用車と、お父さんの軽トラックが並んでいる。お父さんが会社勤めをしているときは、軽トラックじゃなくて普通乗用車に乗っていたんだけど、農業をするには軽トラックは必需品なので、買い替えたのだ。

あたしも運転免許取ろうかなあ。通勤もプライベートも、いまのところ自転車で事足りてい

ハア〜…

るけど、雨の日とか風の強い日は、正直キツいもんなあ……。などと思いながら、車庫の片隅に自転車を入れる。

　お母さんが、盛大なため息をつきながらドアを開けて車を下りた。助手席側に回り込んで、大きなキャリーバッグを引っ張り出す。サイドの一部がメッシュ生地になっている鞄の中でうずくまっているのは、静六ネコ……？

「静六ネコ……じゃない、セイちゃんとお出かけしてたの？」

　思わず声を掛けると、お母さんが疲れた顔をしてうなずいた。

「セイちゃんのおばあちゃんの病院にね。……なんとかして会わせてあげられないかと思ったんだけど、どうやってもダメなんだって」

　あたしは、それ貸して、というふうにお母さんに手を差し伸べる。お母さんの手から、静六ネコが入っているキャリーバッグを受け取った。ずしっとした重みが腕に掛かる。中で丸まっている静六ネコは、身動《みじろ》ぎもしなければ鳴き声も上げない。なんだか、とっても気落ちしているように見えた。

　前に、あたしが静六ネコを病院に連れて行っておばあちゃんに会わせてあげられないか

な？ って提案したとき、お母さんは病院でペットは禁止されているから無理だっていってい
た。それなのに、今日は無理を承知で静六ネコを連れて病院に行ったんだ。

――もしかして、静六ネコのおばあちゃんの具合、かなり悪くなってるとか……？

そう思うと、ぞくっと背筋が寒くなる。お母さんが先に家に入ったのを見届けてから、キャリーバッグを覗き込んで、そっと声を掛けた。

「ねえ、静六ネコ……大丈夫……？」

「んー……？ なんにゃあ、もう家についたのかー……？」

寝ぼけたような声でそういって顔を上げ、前脚を舐めつつ耳の後ろを撫でる。いつもどおりの静六ネコの様子に、ほっと胸のつかえがおりる。するとなんだか無駄に心配してしまったのが悔しくなって、静六ネコ入りのキャリーバッグを軽く揺らした。

「にゃにをするっ！ それが美優のいんすたにまで出演してやっとるワシへの扱いか!?」

「あ……、そうだった！ ご協力感謝してます！ お陰であたしのインスタ大人気！」

わざと大げさにいいながら、あたしは静六ネコ入りのキャリーバッグを家の中に運び込んだ。

「さて、今日の打ち合わせの首尾はどうだったんにゃ？」

あたしの部屋に入ったとたん、静六ネコが寝癖で二股に分かれているシッポを振りながら振り向く。あたしは静六ネコに続いて部屋に入り、入り口の扉をぴたりと閉めてから、うん、と

うなずいた。

「そろそろ外注さんを雇ったほうがいい。って話をされたんだけど。ちょっと怖くて……」

静六ネコが、うみゅ。とうなずいて、あたしのベッドにひらりと飛び乗る。あらためて、脚を香箱に組んで座った。

「人を雇えば金がかかるのは必至。その金を稼ぎ出せるか不安なのかにゃ？」

静六ネコと顔を突き合わせる形で、あたしはベッドの前に座り込む。今日、カフェに担いでいった、リュックの中からノートパソコンを引っ張り出した。

「うん……。あと、今日はカフェに渋沢さんが来て。東京で開かれる地方物産展のボランティアスタッフに入ってくれないか、って頼まれて……。静六ネコは、どうしたらいいと思う？」

静六ネコに反対されたら、東京に行くのは諦めよう。心の中でそう決めて、静六ネコの返答を待った。静六ネコは、目を閉じて黙っている。そのまま、二秒……十秒……と、無言のまま時間だけが過ぎてゆき……。

「もうっ！　東京行っていいのか悪いのか、さっさと返事してよ、静六ネコ！」

「ワシが行けといえば行き、行くなといえば、行かない気なのかにゃ？」

しびれを切らして口を開いたあたしに、静六ネコが薄く目を開いて冷静にいう。あたしは、ぎゅっと唇を噛みしめて床に座り直した。

「そうしようと思ってたんだけど……、悪い!?」

不機嫌に答えると、静六ネコがにんまりと目を細めて笑った。

「ワシは学問を愛した。仕事を愛した。しかも学問を愛し仕事を愛したがゆえに、世の中に厳存する俗生活の力強い生き方も軽蔑しなかったのである。……にゃっ！」

「どういう意味？」

「**本業に専念するのはいいが、視野が狭くなるのはいかん。**——ワシは若い頃、当時は非常に珍しかった、海外視察の旅によく出ておった。あの頃、日本は世界から後れを取っている小国だと思われておったからにゃあ。海外に赴いた折は、ワシはふだんの質素倹約を一切やめ、宿は一番良い部屋を取り、船や列車も一等車を取り、料理も一番いいものを注文したものにゃ。日本人が海外でケチくさいことをすると、日本の恥になると思っとったにゃ」

「……うん」

その話があたしの東京行きとどうつながるんだろうかと思っていると、静六ネコがぴぴっと耳を揺らす。あたしの気持ちなど、とうに見抜いている顔をしていった。

「意地の悪い者が見れば、ただの大名旅行だと思うような海外視察でも、ワシは必ず自分の仕事の糧になるものを得る努力を続けておった。杖やベルトを巻き尺代わりにして、その頃の日本にはなかった樹木や機械の寸法を測った。仕事の種になりそうなものはなんでもかんでも記録して帰ってきた。……つまり、そういうことにゃ」

そういって、にんまりと静六ネコが笑う。

「ただ東京にボランティアとして出かけるんじゃなくて……。あたしの仕事の種になるようなものを見つけるんだ！　と思って出かけるなら、いいってこと……なのかな？」

言葉にしてみてやっと腑に落ちる。静六ネコが、ふんと鼻を鳴らした。

「ワシは勤倹貯蓄を尊び、質素倹約を常としておったが、決して金を惜しんで溜め込んでいたわけではにゃい。ワシの長かった人間としての生の中で、最も愉快だったのは、職業道楽化。金は、それについてまわるカスでしかなかったからにゃ」

「お金が……カス……？」

「そうにゃっ。金というのは貴重なものにゃ。**金がなければ自由を失い、下げたくもない頭を下げなければならにゃい。世の人の成功不成功といった事蹟を調べてみるとにゃ、だいたいその両者の努力には大差がないんにゃ。にもかかわらず、不成功者はいずれも、いま一息というところで肝腎な打ち込みが足りにゃい。山登りに例えれば、八合目、九合目辺りで苦しくなっ**

て嫌になり、登坂をあきらめるか、思い返して他のコースに転じたりするからなんにゃ。ありのまま、かっこうつけずにいることが、向上と安心のための心がけにゃ。そしてよく働けば、心は浮き立ち、成功目前となる。美優は、迷うとき恥ずかしがらずに人に訊くことができる。

あとは、自分で決めるだけにゃ」

静六ネコの言葉を、あたしは黙って聞いていた。言葉はところどころ難しいし、考えたこともないようなことをいわれるから、すぐに全部理解できない。でもなんとなく伝わることがある。

この現代社会で、お金を一円も使わずに暮らすのは無理だ。お金がなければ、不自由な思いをし、したくない我慢をしなければならなくなる。自由に豊かに暮らすためにお金は必要だけど、そのお金は、仕事を十分に楽しんでいれば自然に付いてくるモノ、つまりカス。

お金のために不自由な思いをするのは、お金を得るためであっても本末転倒。

そしてあたしがすべきことは、仕事に打ち込み見聞を広げて、迷ったら人に訊きつつ、自分で判断する……それだけだ！

「静六ネコ、あたし、ボランティアで物産展手伝ってくる！　あたし、これから自分が専門に売る商品を見つける時期だって、アキラさんにいわれたんだ。東京に行って、それ探してみる！」

「うみゅ。よく自分で気づけたにゃ。……美優も成長したもんだにゃあ。この家に帰ってきた夜、金がなくて悔しいとびーびー泣いとった小娘と同じ者には思えんにゃ」

そういって、ふあぁと顔中を口にしてあくびをする。まるで何事もなかったかのように、香箱に組んだ腕の間に顔を埋めて丸くなった。

あたしは、丸まっても大きい静六ネコのふわふわとした体を見下ろしながら、いままで静六ネコに教えてもらったいろいろなこと……お金のこと、仕事のこと、節約のことを思い出して……まだ、手をつけていない宿題のように胸に引っかかっていることを、もう一度胸の中で繰り返した。

あたしの進学費用を貯めるために、ビールを発泡酒に変えたお父さん。あたしが勝手にはじめた海外物販に反対しながら、商品にする着物を出してくれたお母さん。

お母さんと一緒におばあちゃんの病院に行ったのに、会えずに帰って来て、それでも、あたしの話を聞いてくれた静六ネコ……。

――あたし、勇気を出そう。

強く胸の中で決めて、あたしはそっと部屋を出た。

「お父さん、これ！」

どん、と大きな音をたてて、テーブルの上に地元商店街のロゴが入ったビニール袋を置く。

いままさに、夕飯のお煮しめを肴に、発泡酒を開けようとしていたお父さんが、驚いた顔であたしを見た。

あたしは、大急ぎで自転車を漕いだせいで、はあはあと上がる息を誤魔化す術もなく、食卓の椅子に腰を下ろす。白っぽいビニール袋をお父さんのほうへ押しやった。

「――今日は、これ飲んで」

訝《いぶか》しげにビニール袋を覗き込んだお父さんの隣から、漬物の鉢を持ったお母さんが手を出す。ビニール袋の中から、青地に金色のプレミアムビール缶を取り出した。

「どうしたの、こんないいビール買ってきて!?」

「お母さんには、こっち……」

テーブルの上に、地元唯一のケーキ店のシールが貼ってある紙の箱を置く。お母さんが、お父さんの前にプレミアムビールを置いて、ケーキの箱を引き寄せた。

「モンブランとイチゴショートって……。今日、誰の誕生日でもないのに」

本当に驚いた顔をしているお母さんに、なんて返事をすればいいのかわからない。気恥ずかしくていますぐにでも席を立ちたくなったあたし止めるかのように、静六ネコがシッポを振って膝に飛び乗ってきた。

いつもは絶対、自分から膝に乗ってくることなんてないのに……！　慌てて静六ネコの顔を覗き込もうとすると、ふいっと顔を逸らして「いいたいことがあるなら、さっさといったほうがいいにゃ！」と、あたしにだけ聞こえる小さな声でいった。

「――誕生日じゃないけど……。家に帰ってきて半年経ったし、いままでいっぱいお世話になったから、ありがとう……というか……」

なんとなく、怒ってるようないい方になってしまったけど。視界の端で見る、お父さんとお母さんが本当に驚いた顔をしているから、恥ずかしくて顔を上げられない。

「美優……、急にびっくりするじゃないの……っ」

小言をいう調子のお母さんの声が、なんだか涙声に聞こえる。お父さんが、わざとらしいほど明るい声で、「じゃあ、今日はいいビールをごちそうになるかな！」といって、プルタブを開ける音が響いた。

次の瞬間、弾けるような音と――泡が！

「お父さん!?」

勢いよく吹き出したビールの泡が、お父さんの腕を伝ってテーブルに流れ落ちる。慌ててティッシュを差し出すお母さんと、椅子から立ち上がろうとしたあたしの膝から、静六ネコが飛び降りる。お父さんが、うわわわわ、と叫びながら、泡だらけのビール缶に無理やり口をつけた。

「お父さん!?　……そんな泡ばっかりの、飲んでも美味しくないよ!」

思わず缶を取り返そうと手を伸ばしたあたしの前で、お父さんはさらに缶を傾けてビールを飲む。泡だらけになった口元を手の甲で拭い、照れくさそうな笑みを浮かべた。

「やっぱり、美優が買ってきてくれたプレミアムビールはうまいな!」

満足そうにいうけど、口にはまだ泡がついてるし、吹き出した泡のせいでシャツの襟から袖も腕も濡れてるし、テーブルにはプレミアムビールの水たまりまでできている。

もうほんとにめちゃくちゃで、かっこ悪いことになっちゃってて……!

「お父さん……。あたしのために、ずっと発泡酒で我慢させてごめんね……っ……」

思わず口に出していってしまう。お父さんの日が、ちょっと潤んだ。慌ててそれを誤魔化すように、プレミアムビールの缶をお母さんのほうに差し出す。

「お母さんも飲んでみるか？」

隣に立っているお母さんは、ティッシュの箱を抱えてすでにさめざめと泣いている。ケーキの箱はどこ……と思ってよく見ると、ビールの泡で濡れてしまわないように、いつの間にか食器棚のほうへ移動させてある。気が動転していても、お母さんは相変わらずしっかり者のお母さんだ。

「じゃあ、あたしもプレミアムビール飲んでみようかな！」

なんだか涙で滲んでしまう目を瞬きすることでごまかして、ビニール袋から冷たく濡れたプレミアムビールの缶を取り出す。慌てたような仕草で、お母さんがあたしの手を止めた。

「また泡が飛び出してくるわよ！　美優、このビール自転車で運んできたばっかりなんじゃないの!?」

「……あ、そうだった」

大急ぎで地元商店会まで往復して買ってきたプレミアムビールとケーキは、その揺れのせいで……。

「ってことは、お母さんにあげたケーキ、もしかしてぐちゃぐちゃ？」

「――いいのよ、ぐちゃぐちゃになってても、美優が買ってきてくれたケーキは美味しいに決まってる」

お母さんが真っ赤な目をして、食器棚に避難させてあったケーキの箱を取り上げ、大事そうに胸に抱えた。足元で、静六ネコが普通のネコのように「みやぁぅ」と鳴く。あたしは笑い泣きの顔のまま、食卓の椅子に座った。

「じゃあ、お母さんのお煮しめ食べた後、ぐちゃぐちゃのケーキあたしも食べる」

あたし、このなんでもない日のなんでもない夕ごはんのこと、多分、一生忘れない。

第十章

運は気持ちで直せ。

「いらっしゃいませー！　からむし織、見ていってくださーい！」

あたりに響き渡るような大きな明るい声を作って、地元ブースの前でパンフレットを配る。

ここは、東京駅にほど近い、大きなイベントホール。全国津々浦々から集まった、地方都市が地元の特産品をアピールすべく、お酒や花や食品……本当にいろんな商品が所狭しと並んでいる。

あたしは、うちの地元ブースの中で一番目立つ場所に飾ってある、からむし織の着物の前で一所懸命声を張り上げていた。からむし織とは、地元特産の「からむし」という植物の繊維で織った生地のことだ。薄く丈夫で手触りがシャリっとしている極上の生地なのだが、生産の手間がかかるために高価で、すぐに売れるようなものではない。

あたしが海外物販で扱っているアンティーク着物は、地元のからむし織のものが多いから、今日はこのブースを任されたんだけど……。

「――物産展で百万超えの着物を買おうって人は現れないよねー……」

展示ブースの中央に衣桁を立て、うやうやしく展示されているからむし織の着物は、氷のように硬質に透ける白地に淡いグレーで若竹の柄を描いたもの。上質で美しい着物を見て、足を止める女性客は何組もいたけれど、たいていは値段を聞いて「無理だわー」と笑う。

お手頃な値段のからむし織もあるんですよ！　と、ストールやハンカチなどの小物を勧めて、それは何枚か売れはしたけれど。からむし織自体がそもそも高価なので、小物とはいえ値段が高い。あと、一時間ほどでイベントが終了というこの時間帯になっても、あたしの後ろの机の上には、ストールやハンカチ、がま口などの小物が山のように売れ残っている。

　あたしの隣の、地元のお土産物……主に食品関係の売り子をしていた紗和子さんが、ほぼ完売状態になっている販売ブースを整理しながら、あたしに笑いかけた。

「そんな気落ちした顔しないで。からむし織は、まずお客様に知ってもらうために展示してるから、売れなくても仕方ないって渋沢さんいってたじゃない」

「そうですけど……。でも、やっぱり売れてほしいんですもん」

　大量に手元に残っているパンフレットを抱え、あたしは口を尖らせた。

　このイベントに参加するって決めた後、あたしは長いこと書き込みをしていなかったFacebookに、連続書き込みをした。東京を離れて、地元に帰ってきたこと。そこで充実した毎日を過ごしているということ。今日のこのイベントに、ボランティアスタッフとして参加するということ。東京では味わえない、地方の食や文化が体験できて楽しいから、ぜひ来てね！と、いままでの田舎嫌いのあたしだったら、絶対に書けないことをしつこいくらい書いて、当日を迎えたのだ。

あたしの記事には、大学時代の友人からの「いいね！」がたくさんついて、「久しぶり！　みんなで行けたら行くよ！」っていうコメントもあったんだけど……、その友人たちは、まだ見かけない。

行けたら行くよ、って、結局、時間を作ってまで行く気はない、っていうことだよね……。そう思うと、なんだかほんとに寂しくなった。あたしのほうから距離を置いた東京時代の友達だったけど、結局、このままフェイドアウトになるんだろう。

その代わり、といってはなんなんだけど。あたしのインスタグラムを見たと声を掛けてくれる人が、びっくりするほど多かった。インスタグラムに毎日ＵＰしている写真の下に書いた、イベント告知の英文を読んでわざわざ会いに来てくれたらしい。

「それにしても、今日はほんとに売れなかったな……」

あたしは口の中でつぶやきながら、紗和子さんのブースの片付けを手伝いはじめた。そのとき、遠くのほうから「美優さん！」とあたしを呼ぶ声がした。

「――渋沢さん？」

人波の向こうに渋沢さんの姿が見える。その隣には、アキラさんもいる。二人の担当は、激混みだったローカルフードのイートインコーナーだ。二人がこちらにやってきたということは、ローカルフードは完売御礼で店じまいをしたんだろう。なんだか羨ましいような気持ちで二人がやってくるのを待っていると、彼らの後ろに明らかに周囲と雰囲気が違う人がいることに気づいた。

　背の高い外国人の、初老の女性だ。真っ白いシャツと革のタイトスカート、ほっそりとしたヒールを履きこなしていて、人混みを抜けてこちらに歩いてくる姿が優美極まりない。

　あたしに用がある外国人ということは、miyu-japan のインスタグラムを見てくれている人なのかな？　英会話、かなりダメなんだけどどうしよう。焦りながら笑顔を作るあたしの前で立ち止まった初老の女性が、優雅に笑みを返した。

「あなたがミユウさん？　はじめまして」

　上品な女性の言葉は、一点曇りのない流暢な日本語だった。

「あ……、えっと……はい……」

　緊張していたのに、日本語で気が抜けてしまったせいか、みっともない返事をしてしまう。

　優雅で知的な感じがする初老の女性が、抱えていたクラッチバッグを開けて名刺入れを取り出した。

「わたくし、こういう者です。ミユウさんのインスタグラム、いつも拝見していますよ」

ありがとうございます。と、頭を下げて、あたしは彼女から名刺を受け取った。ええっと……なんかこの会社名、フランスの有名なファッションブランドに似てる……っていうか、この名刺の上に刻印してあるブランドロゴ！　このロゴのついたお財布やカバン、自慢気に持ってる子見たことあるんですけど!?

まさか、という顔で彼女を見つめたあたしに、初老の女性が優雅に微笑む。握手を求めるように手を差し出した。

「わたしのことは、マリーと呼んでください。ミユウさんが扱っていらっしゃるアンティーク着物、うちのデザイナーが気になると申しているもので。日本駐在のわたしが参りました。突然、押しかけてごめんなさいね」

流れるようにいうマリーさんの言葉に、あたしは、呆然とした目を見開いた。確かにあたしのインスタグラムのフォロワーは世界中に二万人以上いるけど……。そのほとんどが静六ネコのファンなんだと思っていて、あたしの着物へのイイネはついでだと思っていたのに……。フランスの有名ブランドのデザイナーさんが注目してくれていた!?　いやまさか、そんなバカな！

一瞬、なにかの冗談なのかと思う。けれど、目の前に立っているマリーさんの佇まいは、素人が見ても本物のハイファッション業界の人だとわかる迫力がある。凛とした立ち姿が尋常じゃなく美しくて、着ている真っ白いシャツはシンプルなのに洗練された形をしている。革のスカートもハイヒールも、限りなく無駄を削ぎ落とした美しさで統一されていた。

　額に汗が浮くような気持ちで、手の中の名刺のブランドロゴを指で撫でる。このロゴは、あたしが東京で派遣社員として働いていた頃、あたしにもこんなブランドのカバンが買える日がくるんだろうか……と思いながら、ショーウインドウ越しに見ていたものだ。

　あたしの斜め後ろに、ここまで彼女を案内してきてくれた渋沢さんと、アキラさんがなんだか興奮した面持ちで立つ。その横に、紗和子さんも並んだ。

　あたしより先に、マリーさんから名刺を受け取っていたらしい二人は、紗和子さんにこの経緯を小声で説明しているようだ。紗和子さんが、「美優ちゃんのアンティーク着物が、フランスのデザイナーの目に止まった？　すごい、びっくりだね」などと、のんきに感想を述べている声が聞こえた。

　マリーさんが、優しく微笑みながら小首を傾げた。

「もしよろしかったら、このイベントの後、お時間いただけないかしら。ミユウさんが扱っていらっしゃるアンティーク着物のお話や、ここに飾ってあるからむし織の反物、とても美しくて興味深いわ」

「ぜひお願いします！　美優さんの仕事はもう終わってますから、いますぐどうぞ！」

前のめりの勢いでそういって、あたしの背を押したのは、なんと渋沢さんだ。渋沢さん的には、あたしが扱っているアンティーク着物のついでに、地元特産のからむし織の反物がフランスのブランドに売れるかもしれない！　という皮算用が一瞬にして頭の中に浮かんだのかもしれない。

「いや、でもまだイベント終了してないですし……」

渋沢さんにそう返答すると、渋沢さんは「気にしなくていいから！」と、さっさと送り出す姿勢だ。その隣に立つアキラさんも、あたしが羽織っている地元地域振興会のハッピを脱がそうとする。紗和子さんに至っては、ブースの影に置いておいたあたしのカバンを持ってくる。

さっさとフランスの有名ブランドと仕事の話をまとめてこい、といわんばかりの三人に背を押され、マリーさんと一緒にブースを離れようとしたとき、ジーンズのポケットに入れておいたスマートフォンが震えた。

「あっ……、すいません、ちょっと電話が」

マリーさんに一言断りを入れ、ポケットからスマートフォンを取り出す。着信表示は「お母さん」と出ている。

「もしもし？　お母さん、どうしたの？」

ざわざわとした会場の音にかき消されないよう、大きめの声を張り上げる。電話の向こうのお母さんは、なにかひどく慌てている様子で、「緊急手術が」といった。

「緊急手術!?　ちょっと待って、誰が!?」

　とっさに思い浮かんだのは、慣れない大型トラクターを運転するお父さんだ。あんな大きなトラクターで万が一、事故にでもあったら大変……と、お父さんがトラクターに乗っているのを見かけるたびに密かに思っていた。

　まさかお父さんが……と思っているあたしの耳に、「セイちゃんのおばあちゃん」という言葉が飛び込んできた。えっ、と息をのんだあたしは、お母さんが慌てたようにいう言葉をうなずきながら聞くのが精一杯だった。

　静六ネコの飼い主のおばあちゃんの容態が急変して、緊急手術になったということ。おばあちゃんは身寄りがないので、お母さんが付き添いに行くということ。今夜は病院泊まりになるから、セイちゃんのお世話をしておいてほしいということだけ一方的にいって、電話を切った。

　あたしは、スマートフォンの表示をじっと見つめたまま動けない。

　――あの日。お母さんが、静六ネコを連れて病院に行ったものの、静六ネコはおばあちゃんに会えなかったあの日から、静六ネコは口数が少なくなっていた。

いつもどおりのんきに過ごしているようでいて、ときどき、窓の外の銀杏の木をぼんやりと眺めていた。

もし、万が一……大好きなおばあちゃんに会えないまま、おばあちゃんが亡くなってしまったら、静六ネコは……！

「――マリーさん、ごめんなさい！　あたし、すぐに地元に帰らなきゃいけなくなりました！」

気がつくと、あたしはスマートフォンを握りしめたまま、マリーさんに向かって深く頭を下げていた。

マリーさんと、渋沢さんアキラさん紗和子さん、全員が驚いた顔であたしを見る。しかし、電話していたあたしの様子から、事情は察してもらえたのだろう。目の前に立っているマリーさんが、心配そうにあたしの手を握ってくれた。

「どなたか緊急手術されるのね、ご心配でしょう。早く帰って差し上げて」

あたしは、マリーさんに、ありがとうございます。と、頭を下げた。いい感じの仕事の流れができそうだったのに、チャンスを生かせない自分が悔しいけど。いまは、静六ネコが大事なんだ。静六ネコと出会っていなかったら、あたしは、あたし自身で仕事をしようなんて思いもつかなかったんだ。

「帰りの新幹線のチケット、渡してあったよね？」

あたしに深く理由を聞くこともなく、渋沢さんがいう。隣に立っている紗和子さんと、アキラさんも、「イベントの撤収は任しといて」といってくれた。あたしは、渋沢さんアキラさん紗和子さん、そしてマリーさんの向こうにいる、あたしをインスタグラムの世界から見つけてくれたブランドデザイナーさんに最大の感謝を表したくて、深々と頭を下げた。

「ありがとうございます、帰ります……！」

それだけをいい残し、あたしは踵を返してイベントホールを駈け出した。

——待っててね、静六ネコ！　大好きなおばあちゃんのところに、あたしが絶対に連れて行ってあげるからね！

「お願いします！　おばあちゃんが大事にしているネコなんです！　どうしても、会わせてあげたいんです！」

あたしは、大きな総合病院の夜間受付窓口で、警備員の制服を着た中年男性に訴えた。手に

持っているキャリーバッグの中にうずくまっている静六ネコは、ぴくりとも動かない。警備員の男性が、ひどく困った顔で「とにかく無理なんです」という。

お母さんからの電話を受けた後、新幹線の中で座っているのももどかしい思いで帰ってきたあたしは、地元の駅前駐輪場に停めておいた自転車に飛び乗り、必死の勢いで自宅に帰ってきた。そして、あたしのベッドの中で丸くなっていた静六ネコに「おばあちゃんの病院に行くよ！」と、一方的に宣言した。

静六ネコは、丸い目をさらに丸くして驚いていたけれど、あたしが差し出したキャリーバッグに黙って入ったから、おばあちゃんの病院に行きたくてたまらなかったんだろうと思う。

あたしは、静六ネコが入っているキャリーバッグをリュックのように背負い、夜道を自転車で走った。もう、絶対に車の免許取ってやる！　と思いながら、このあたりで一番大きい総合病院までやってきたのだ。

病院内にペットを入れられないのはわかる。だけど、緊急手術になってしまったおばあちゃんに、一目でいいから静六ネコを会わせてあげることはできないだろうか。手術が終わったらおばあちゃんは病室に移動する。そのタイミングなら、なんとかなるんじゃないだろうか。

「――美優、もういいにゃ」

か細い声が、キャリーバッグの中から聞こえる。あたしは、夜間受付窓口の前に立ったまま、

「でも」といった。

「警備員さんを困らせてはいかん、もう帰るにゃ」

あたしは、泣きそうな気持ちになるのを耐え、夜間受付窓口のほうに向き直った。困り切った顔をしている警備員さんに、深く頭を下げる。

「無理をいってすいませんでした。帰ります」

警備員さんがほっとした顔をする。あたしは、それを滲む視界の中で見た。

ぐいっと手の甲で目元を拭い、あたしは重いキャリーバッグを下げて病院の敷地を出ようとした。

諦めきれずに振り返った総合病院に寄り添うように、月の光を受けて輝いているものがあった。

「あ……」

あたしは考えるより先に走り出していた。――銀杏……！　もの凄く大きな銀杏の木が、病棟の端に一本だけそびえ立っている。

前に、おばあちゃんの病室から大きな銀杏の木が見えると聞いた。静六ネコのおばあちゃん

が、セイちゃんは銀杏が大好きで……と、いつも話していると聞いていた。

きっと、あの銀杏の木のあたりにおばあちゃんの病室があるんだ！

「にゃ……、いったいなにがどうしたんにゃ……っ！」

あたしが全力疾走しているせいで、キャリーバッグもさんざん揺れる。静六ネコの困惑した声が聞こえてきたが、あえて無視して銀杏の木の下へ向かった。

「ついた……ッ！」

はあはあと肩で息をして、あたしは大きな銀杏の木の下にキャリーバッグを置く。ファスナーを開くと、やっと揺れが収まったと気づいた静六ネコが顔を上げた。満月の光が、大きな銀杏の葉陰越しに静六ネコの真ん丸な瞳に映る。あたしは静六ネコの大きな体を抱えて、キャリーバッグの外に出した。

「前に、お母さんが『おばあちゃんの病室から、大きな銀杏の木が見える』っていってたの思い出した！　この木に登れば、おばあちゃんの部屋が見えるかもしれない！」

あたしの声に応えるように、静六ネコが大きな銀杏の木を見上げる。ぽてぽてと足音が聞こえそうな歩き方で木に近づくと、ぐんと前脚を伸ばして幹に掛けた。後ろ脚で踏ん張り、長いシッポを揺らして、這い登ろうとする。あたしは見ていられなくなって、静六ネコを抱き上げた。精一杯両腕を伸ばして、幹の高い部分にしがみつかせようとする。

「頑張って、静六ネコ！」

　そう叫ぶあたしの口の中に、静六ネコの体にくっついていた土が入ってくる。ガリガリと必死に幹を掻く音が続いた後、ぱたっと静六ネコの動きが止まった。

「――すまん、無理にゃ……。ワシの爪では、この銀杏を登ることができにゃい……」

　消え入りそうな声がした。あたしは、静六ネコを抱え上げたまま、ぎゅっと唇を噛み締める。口の中にジャリっとした土の感触と不快な味が広がった。

「わかった、あたしが登ってみる！」

「いや、それは危険だにゃっ、美優を危ない目にあわせるわけには……！」

「いいの、任せて！　絶対安全とはいえないけど、比較的安全だからっ」

　あたしは、静六ネコを自分の肩に無理やり乗せた。静六ネコが、慌てた顔をしてあたしの肩に捉まる。不安定な場所に立たされているせいで、ネコの本能が爪を出させるのだろう。チリっとした痛みがシャツの下に走る。しかし、あたしはそんなものを無視した。両肩にずっしりとした重みを感じながら、両手で大きな銀杏の幹を摑む。胸を幹に添わせ、片足も幹に押し付ける。

　一瞬、木登りなんて二十年ぶりなのに、大丈夫かな……という気持ちになったけど、いまは

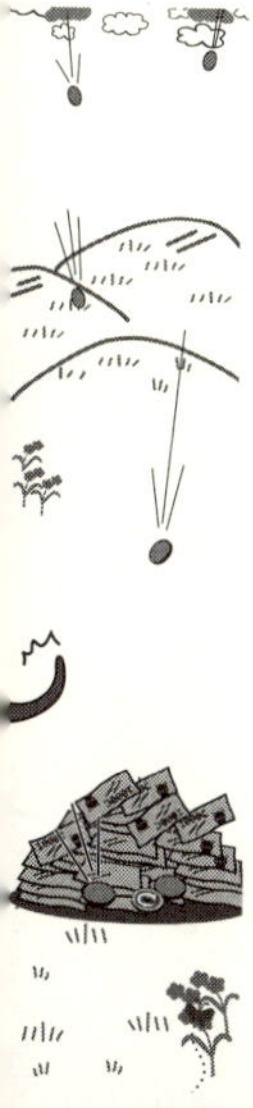

そんなこと考えている場合じゃない。子供の頃、裏山の木にさんざん登ったイメージを思い出しながら、えいっ、と勢いをつけて銀杏に登りはじめた。

「おばあちゃん、見える？　静六ネコ……」

あたしは銀杏の太い枝をまたぐ形で座り込み、はあはあと肩で息をしながら静六ネコに問いかけた。静六ネコが、あたしの首にしがみつきながら首を伸ばして病室のほうを見る。

さわさわと揺れる銀杏の葉を透かして見える病室の窓は、薄いカーテンが半分くらい開いている。病棟の奥の一人部屋、二階のこの窓の中に、おばあちゃんが眠っているのか、それともまだ手術室にいるのか、あたしにはわからない。枝の上から覗き見る病室は真っ暗で、あたしの目には何も見えない。静六ネコの視力に賭けるしかない。

「ねえ、見えたの？　おばあちゃん、病室にいるの、静六ネコ……」

焦《じ》れて静六ネコの顔を覗き込んだあたしは、途中で言葉を飲み込んでしまった。静六ネコの真ん丸な目が、ひどく懐かしく愛しい者を見るように細められていたからだ。

大きな銀杏の葉を透かし、満月の光があたしたちを照らす。

「美優、一つ話しておいていいかにゃ……？」

静六ネコが病室を見つめたまま静かな声でいう。あたしは、うん、と小さくうなずいた。

「うちのばーさんはな……。ワシが本多静六としてこの世で暮らしていた頃の連れ合いなんにゃあ……」

　えっ、とあたしは息をのんだ。静六ネコが、あたしの首に腕をまわしたまま淡々という。

「ワシが人としての役目を終え、安寧なる空の上から地上を眺めていたときの話にゃ。ワシは、ワシより先に次の生をはじめていたばーさんを見つけた。ワシの妻であったときと同じ聡明な女性として生きていた妻を、ワシは幸せな気持ちで見守っておったんにゃあ。……なのに」

「なのに……？」

　言葉を切った静六ネコに、あたしは続きを促すようにいってしまう。静六ネコが、軽い溜息をついた。

「ばーさんは、人生の終盤近くに家族すべて死に別れ、一人ぼっちになってしまったんにゃあ……。ワシは、なんとかばーさんの側に行ってやりたくてにゃあ……。安寧なる空の上で叩ける門をすべて叩いて策を練り、やっとの思いで地上に下りた。ネコの姿であれば、生涯、ばーさんに寄り添って生きてやれると思っとったんにゃが……。いまの時代、自分の家で死ぬ者はほとんどいない」

「……ちょっ、死ぬなんて縁起でもない！　おばあちゃん、きっと大丈夫だよ！　絶対うちに

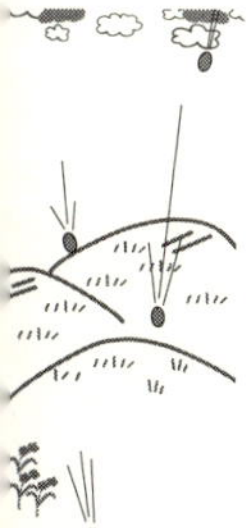

帰ってくるよ！」

静六ネコがゆったりとした仕草で振り返り、子供みたいに頬を膨らませているあたしを見た。ほんの少し目を細める。

「**人生は今日を除いては不確かなもので、一生のひとキレが、今日踏む一歩の中にあることを忘れてはならんもの。**……ありがとう、美優。本当に世話になった」

「なにいってんのよ！　あたし、静六ネコにいろいろ教えてもらうばっかりで、なんにもお礼できてないし！」

そういうと、静六ネコがゆるく首を振る。もう一度暗い病室の窓を眺めた。

「**人はにゃあ、いかに微力不才と思う者であっても、その全力を一つの目的に集中すれば、必ずある程度の成果が勝ち得られる。**――美優はこの先、素晴らしい成功を収めるだろうにゃあ……。楽しみだにゃあ……」

そういいながら、静六ネコは暗い病室を見つめ続けている。

こんなとき、あたしは誰にお祈りすればいいのかわかんない。だけど、カミサマ。あたしを静六ネコに会わせてくれたカミサマ。どうかどうか、静六ネコのおばあちゃんを元気にしてく

ださい。そしてもう一度、静六ネコと一緒に暮らせるようにしてください。
あたしは静六ネコの大きな体を支えながら、強く祈り続けた。

第十一章

一つの完成は一つの自信を生じ、さらに高次的な完成を生むのであって、この完成の道程には、限りなき自己錬磨の進境が開かれてくるのである。

「この前は、本当にご迷惑おかけしました！」

紗和子さんのカフェの入口に立ち、あたしは深々と頭を下げた。カウンターの向こう側に立っている紗和子さんと、カウンターのスツールに座っているアキラさん、奥の小上がりでダンボールの中からパンフレットの束を取り出していた渋沢さんが、あたしを安心させるかのように軽く笑う。「大丈夫だよ」と、渋沢さんがいった。

「イベントは撤収作業だけだったから。それより、美優さんこそ大丈夫だった？　身内の方が緊急手術だったんでしょ？」

あたしは手に持っていたずっしりと重いキャリーバッグを床に置いて、もう一度深く頭を下げた。

「はい、おかげさまで手術は無事に成功しました。おばあちゃんなので、年齢的に術後の回復とか体力の戻り具合とか、いろいろ心配は残るんですけど……」

あたしは軽く屈んで、キャリーバッグの蓋を開ける。あ、と気づいてカウンターの中の紗和子さんを見上げた。

「紗和子さん、お店の中にネコ入れちゃまずいですか？」

「ネコ？」

前後の脈略がまったくないあたしの問いに、紗和子さんが驚いた顔をする。キャリーバッグの中から、静六ネコがふっさりとした丸い顔をのぞかせる。紗和子さんは、驚いた顔のまま静六ネコを見つめた後、ゆっくりとカフェの中を見回した。

「うちは大丈夫だけど、ネコが苦手な人は？」

カウンターのアキラさんが首を横に振り、小上がりにいた渋沢さんはあたしのほうに歩み寄ってきて、キャリーバッグの中を覗き込んだ。

「あ、プロフェッサー・キャット！　静六ネコだっけ、とうとう本物見ちゃった！」

そういうと、スマートフォンを取り出して勝手に撮影をはじめる。一瞬、静六ネコがムッとしたのを見逃さず、あたしはキャリーバッグの蓋を閉じた。

「静六ネコは、手術をしたおばあちゃんのネコなんです。おばあちゃんが緊急手術になったって聞いたとき、どうしても会わせてあげたくなって、イベント中途半端にして抜けさせてもらいました。ほんとにご迷惑おかけしました」

再び頭を下げると、静六ネコが自分でキャリーバッグの蓋を押し上げて、同じように頭を下げた。


静六ネコを連れておばあちゃんの病院に駆けつけた、あの日。

次の朝になって病院から戻ってきたお母さんに、「おばあちゃんの手術は無事に成功した」と聞いたときは、ホントに体から力が抜けてしまった。

一時はかなり危ない状態になってしまって、お母さんは病院の人に「覚悟をしておいて下さい」といわれたらしい。それでも、おばあちゃんは頑張った。手術は成功しても絶対安静に変わりないし、歳が歳だから合併症とかの心配もあるらしいんだけど、今日明日、いなくなってしまうかもしれない。みたいな怖さからは逃れることができた。

あたしと一緒にお母さんの話を聞いた静六ネコは、もう、びっくりするくらい喜んで、徹夜で付き添っていたお母さんに「本当に世話になった、感謝してもしきれない」と何度もいっていた。まあ、お母さんにしてみれば、ふだんほとんど鳴かない静六ネコが、珍しくにゃーにゃーいってる、っていうふうにしか見えないんだけど。

そして、地域活性化ボランティアのＬＩＮＥグループで、「東京のイベントに持っていった資料の片付けを、紗和子さんのカフェでします」っていう連絡を見た静六ネコは、「ワシのせいで、美優はボランティアの役割を放棄することになったんにゃ。ワシからも、皆に迷惑を掛けたと謝罪するにゃっ」と、強くいい張った。

静六ネコが謝罪するっていったって、どうせお母さんにお礼をいったときみたいに、にゃーにゃー鳴いてるってみんなに思われるだけなんだけどなあ……とは思ったんだけど。静六ネコの気持ちを優先して、今日、ここに連れてきたんだ。

静六ネコが、キャリーバッグの中からのっそりと出てくる。床の上に両脚を揃えて座り、みんなの顔を一人ひとりしっかりと見た。

「このたびは、ワシのせいで美優が役目を放棄するようなことをしでかし、まことに……」

あたしには日本語として聞こえるけれど、普通の人には「にゃーにゃー」と鳴いているようにしか聞こえない……と思ったとき、店の中の空気が凍りついていることに気づいた。

カウンターの中にいる紗和子さんは、カップを磨いていたふきんを取り落とし、アキラさんはカウンターのスツールから腰を浮かしかけ、渋沢さんは固まったように身動きもせず、床の上の静六ネコを凝視している。

静六ネコが、子猫のように可愛らしく首を傾げながらあたしを振り返った。

「美優、ワシはなにか変なことをいったかにゃー？」

「――ネコがしゃべってる!?」

三人が、まるっきり同じことをいった。あたしは息もできないほど驚いて、みんなの顔と静六ネコを交互に見た。

静六ネコも、さすがに驚いた顔で目を丸くしている。再びあたしのほうを見上げて、「ここ

の者たちは、ワシの声が聞こえる。といっとるようだが……そうなのかにゃ？」といった。

「そう……みたいだよ、静六ネコ……」

あたしはおそるおそる、確認するように三人を見る。紗和子さんがカウンターの中から出てきて、アキラさんの横のスツールに座る。渋沢さんも、つられるように紗和子さんの横に座った。

あたしは、どうすればいいのかわからず、静六ネコの横に膝をつく。静六ネコの相変わらずすごい寝癖がついている頭に顔を近づけ、内緒話するようにいった。

「静六ネコの声って、あたしにしか聞こえないんじゃなかったっけ？　あたしとはじめて会ったとき、珍しいにゃー。とかいっていたよね？」

「うみゅ。ワシの鳴き声が人の声に聞こえるという者に出会ったのは、美優がはじめてにゃ。うちのばーさんだって、にゃーにゃー以外のことといってもいいのに。とかいっていたくらいにゃ」

「あのさあ、美優さん」

口火を切ったのは、三人の真ん中に座っている形のアキラさんだった。

「……つまり、そのプロフェッサー・キャットって、なんなの？」

「えっと、ええっと……。インスタに載せてた名言のネタ元というか……」

どう返事をすればいいのかわからず、曖昧な笑みを浮かべて答える。アキラさんが、あああもう！　と、苛立つ感じで、髪の毛をかきあげた。

「そういう意味じゃなくて！　妖怪？　化け猫？　ネコの幽霊？」

「失礼にゃっ！　ワシはそんな者ではにゃい！　ワシは明治の伝説の大富豪と呼ばれた本多静六にゃっ」

「本多静六!?」

　三人の声が続く。静六ネコは、ふんと鼻を鳴らして威厳ありげに胸を張った。

「ワシは人としての生を終えた後、安寧なる空の上から地上を眺め、かつてワシの妻であった銓子《せんこ》が一足先に人の世に降り、独りきりの晩年を淋しげに生きている姿を見た。――ワシは銓子のお陰で、明治大正昭和の間、己が理想とする人生を生きられた。だからなんとかして、銓子の新たな人生を最後まで見守ってやりたいと思ったんにゃ。……しかし、地上に降りるのは人、それぞれの時節がある」

「――時節って、タイミングって意味ですか?」

　それまで黙っていた紗和子さんが、静かな声で問いかける。静六ネコが、紗和子さんを見て目を細めた。

「おお、キミは不動産と株の投資をしておるかふぇ店長だにゃ。美優から話はきいとる。投資をやっとる者ならわかるにゃ？　時節がいかに大事かということが」

「ええ、時節……タイミングを間違えたら、それまでどんなに時間や資金を投入していても、全部ダメになりますね」

「そうにゃ。けれどワシは、その大事な時節を覆しても、銓子の元に行ってやりたかった。八方尽くして手に入れたのは、ネコとしての生。しょせん、ネコの身ではなにもしてやれないことはわかっていたが……」

「なにもしてやれない、なんてことないと思う！」

　あたしは、とっさに声を上げていた。紗和子さんアキラさん渋沢さん全員が、びっくりした顔であたしを見る。あたしは、三人の視線を無視して両手を握りしめ、静六ネコをまっすぐに見つめた。

「おばあちゃん、静六ネコにかわいい食器や高級キャットフードや、万が一のときのためにセイちゃん貯金までしてたじゃない！　静六ネコが生き甲斐になってたからだよ！　いまだって絶対、早く元気になって静六ネコに会う！　って思ってるはずだよ！」

あたしの言葉に、静六ネコがほんの少し目を細める。その微妙な表情の変化は、一緒に暮らしているあたしにだけわかる、静六ネコが機嫌を良くしたときの……。

そう思ったとき、唐突に渋沢さんが「ちょっといいですか？」といった。

「……っ、なによ渋沢さん！　いま、いい感じのところなのに」

思わず食って掛かってしまったあたしに、渋沢さんがゴメン、というふうに手をあわせた後、静六ネコに視線を向けた。

「さっきから考えていたんですが、静六ネコさんは、渋沢栄一をご存知ですか」

「おお、渋沢さんか。知っとるもなにも、長いつき合いだったにゃ。あの人は細かくてにゃあ、ワシが洋行から帰るたびに外国の話を聞きたがるんにゃが、すべて仕事の種にしようという腹で、もっと詳しく数字を出せとかいってきて大変だったにゃっ」

本当に難儀だったというふうに、静六ネコがただでさえない肩を落とす。あたしは思わず、渋沢さんに「渋沢栄一さんって、ご親戚ですか？」と問いかけた。

「美優さん、まさか渋沢栄一知らないの？　明治の偉人で、いまも続く大会社の起業にいくつも関わった、日本資本主義の父っていわれた人。本当に知らないの？」

知らない。と、首を横に振る。その隣で、アキラさんと紗和子さんがおかしそうに笑っていた。静六ネコが、ゆうゆうと長いシッポを振りながらいう。

「美優はワシの名前も知らんかったからにゃー。これで渋沢さんのことだけ知っとったら、ネコパンチにゃっ」

片脚を招き猫のように上げていう。今度は、渋沢さんを含めた全員が声を上げて笑った。

「もう、なんなのよ！　普通、明治の偉人なんか一万円札の福沢諭吉くらいしか知らないよ！」

やぶれかぶれになっていうと、紗和子さんが笑いすぎたせいで涙が滲んだらしい目を手の甲で擦りながらあたしを見た。

「でも美優ちゃん、早稲田大学は知ってるよね？　早稲田の設立者、知ってる？」

「知ってるけど……。大隈重信でしょ？」

実はあたし、受験で早稲田を目指していたのだ。まあ、落ちたんだけどね！

「その大隈重信も、本多静六博士に外国の話を聞きたがった人の一人だった……。ですよね？」

そういって、紗和子さんが静六ネコを見る。静六ネコが、目を細めてうなずいた。

「よく知っとるにゃあ！　大隈さんは、ワシの話を元ネタにして自分の話にするのが上手くてにゃ。いろんな相手に話している間に、元ネタの出処を忘れてしまうんだろうにゃ。ワシにも、さも自分の思いつきのように得得と話してくれることがあった。面白い男だったにゃ」

長いひげを揺らしながら楽しげに昔話を披露する静六ネコに、質問するかのようにアキラさ

んが手を上げた。

「はいはい、次はあたし！」

「うみゅ。なんにゃりと」

上機嫌で返事をした静六ネコに、アキラさんが笑顔を見せる。親指であたしのほうを示した。

「美優さんが、あたしのコンサル受けるとき、なんかいちいち即答を渋ってたんです。それって、家に帰って静六ネコさんに相談してたからなんですか？」

昔の話から、いきなりいま現在の話に戻ったせいか、静六ネコがぱちぱちとまばたきをする。一度、あたしをまじまじと見て、うみゅ、と深くうなずいた。

「そうにゃ、キミという指導者がおったのに、ワシが口出しをするべきではにゃかった。余計なことをして申し訳にゃい」

「いえ、あたしみたいな女子大生が美優さんに教えてあげられるのは、インターネットを使ったノウハウだけですから。お金に対する姿勢やマインドは、明治の伝説の大富豪のほうが適役……」

「ちょっと！　勝手に話をまとめないでくれます!?」

思わずアキラさんにいってしまう。

静六ネコが、あたしの前にぽてぽてと足音をたてて歩いてきた。すとんと床に座りなおして、あたしの顔を見上げる。

「美優には、本当に世話になったにゃ。ここには、自力で稼ぎ、その知識を蓄えとる力強い友人もおる。ワシの役目はもう……」

「――終わってないからね！」

静六ネコの言葉を遮るように、あたしは大声を上げた。

びゃっ、と毛が逆立つほど驚いた顔をしている静六ネコを、無理やり抱っこして膝に乗せる。抱っこ嫌いの静六ネコが逃げ出さないように、ぎゅうっと強く抱きしめた。

「静六ネコは、お金がなくて泣いていたあたしの、はじめてのお金の先生なの！　静六ネコに出会わなかったら、あたしはお金は汚くて怖くて不平等で苦しい、怖いものなんだと思い込んだまま暮らしてた！　あたし、まだまだ静六ネコにお金のこと教わりたいんだから！」

そのとき、カフェの隅に置いてあるレトロ極まりない黒電話がじりりと鳴った。とっさにそれを取った紗和子さんが、えっ……と言葉を詰まらせている。紗和子さんが、受話器を片手で押さえてあたしのほうを見た。

「盛り上ってるとこ、ごめん。美優ちゃん、東京のイベントで声かけてくれたマリーさんが……。美優ちゃんとビジネスの話がしたいし、からむし織が見たいから、こっちに来たいって

いってるんだけど……」

「えええええっ!?」

あたしは、本気で驚いて声を上げた。おばあちゃんの緊急手術の電話が入ったせいで、ゆっくり話をすることもできなかった、フランスのファッションブランドのマリーさんが………

ん？　電話……？

「なんで、あたしの連絡先が紗和子さんのカフェになってるんですか？」

思わず渋沢さんを見る。渋沢さんが、ゴメン！　というふうに両手を合わせた。

「地元のからむし織を、フランスのブランドの人に見てもらえるチャンスを逃したくなくて。美優さんの連絡先だっていって、カフェの電話番号教えておいたの」

「えっ!?　紗和子さんの許可もなく、そんなこと……」

「あ、私はＯＫだから大丈夫」

慌てていったあたしに、紗和子さんが鷹揚にうなずく。あたしは、なんだか頭がくらくらするような気持ちで、紗和子さんからずっしりと重い黒電話の受話器を受け取った。

完全に切れたと思っていたビジネスの話が、古めかしい黒電話のくるくると丸まったコードの先に続いている。緊張しながら挨拶の言葉を告げようとしたあたしの視界の隅で、静六ネコがにんまりと目を細めて笑った。

「金儲けは金儲けとして、与えられたすべてのチャンスを掴むのがいいんにゃあ。常に自分の

頭で、自分の力と立場とを考えて、時勢の動きというものを捉えていけばいいにゃっ」

「あっ、プロフェッサー・キャットの生名言！　さすがに深い！　もっと聞かせてもらっていいですか？　あと、写真もいいですか!?」

アキラさんがどさくさ紛れに、静六ネコの写真をスマートフォンで撮りまくる。静六ネコは、まんざらでもなさそうな顔をして、ふんと鼻を鳴らした。

「うみゅ、そうだにゃあ……。**手ッ取り早く成功せんとする人は、また手ッ取り早く失敗する人である。真の成功には速成もなければ裏道もない。あせらず、怠らず、長い道を辛抱強くすすんでいくよりほかはないにゃっ！**」

とうとうと語る静六ネコのまわりに、いつの間にか三人が集まって熱く語り合っている。どうしてこの三人には、静六ネコの言葉がわかるんだろう。電話にかじりつきながらそう思ったあたしは、閃くように思い出した。

――本気で金と向き合う覚悟がある者には、ワシの声が聞こえるということだろう。

静六ネコが以前、そんなふうにいっていたことを。

第十二章

私は常住坐臥、絶えず愉快に生きるために、毎朝目覚めると、まずきょうも生きていたことを何よりも有難くおもい、忙しければ忙しいほど仕事がたくさんできるとよろこび、日々健康に、日々愉快に働ける自分自身に感謝している。

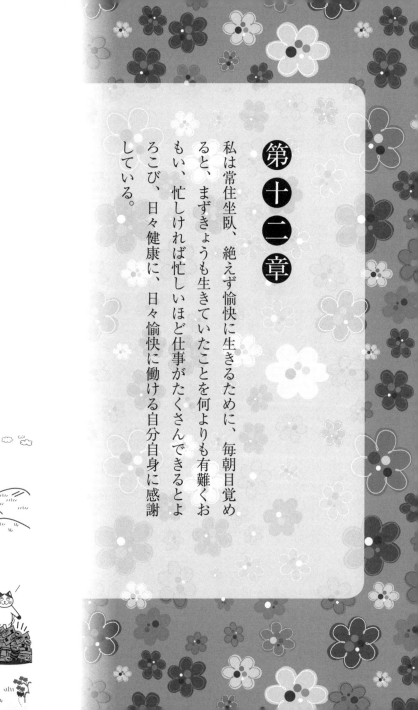

「ああ、緊張するー！」

あたしは家の玄関の前に立ち、背伸びをするようにして道路の先を眺めた。あたしの足元には猫用キャリーバッグが置いてあり、静六ネコがその隣にちんまりと両脚を揃えて座っている。あたしをちらりと見上げて、ふんと鼻を鳴らした。

「いいかげん落ちつかんか、こっちのほうが緊張してしまうにゃ」

「そーだけどさー、はじめての長距離ドライブで緊張するのは仕方ないいじゃない!?」

多少、八つ当たり気味にいってしまう。静六ネコが、ふっさりとしたネコ毛に覆われた胸を偉そうに張った。

「とにかく、ワシは心静かに到着を待つ。邪魔するにゃっ！」

「……はいはい、わかりましたよ」

まるで姫に仕えるナイトのような凛々しさだ。そんな静六ネコの姿に、あたしはちょっと笑ってしまう。お陰でガチガチに緊張していた体の力が少し抜けた。

本日はお日柄も良い、大安吉日。静六ネコの大事なおばあちゃんが、めでたく退院する日だ！緊急手術の日、静六ネコを連れて病院まで自転車で走ったとき、あたしは心の底からカミサマに「静六ネコが、もう一度おばあちゃんと暮らせますように！」とお願いした。

ふだん、カミサマを意識することもなく暮らしている不信心者のあたしなのに、カミサマはお願いを聞いてくれて……いや、あたしじゃなくて静六ネコが心からお願いしていた可能性のほうが濃厚だけど……とにかく！　おばあちゃんの手術は無事に成功して、術後の回復も問題なく、本日退院となった！

――とはいっても、実は緊急手術の日から一年も経過しているわけなんだけど。だってやっぱり、お年寄りの回復には時間が掛かっちゃうからね。

「それにしても、美優の今日のシャツは上等だにゃあ」

あたしの耳に、しみじみとした静六ネコの声が届く。あたしは、自分の胸元を見下ろして少し照れて笑った。

パリっとした手触りが特徴的な、上等のからむし織の真っ白な生地で仕立てた上等な白シャツ。これは、東京の地方物産展で声を掛けてくれた、フランスのファッションブランドのマリーさんを通して商品化されたものだ。

フランスの有名なファッションブランドと、日本の伝統工芸品としてのからむし織がコラボレーションした最上級の白シャツ。この開発に関わることができたお陰で、世界的にはまだ知

られていない、メイドインジャパンの実用的かつ美しい伝統工芸品を主に販売する、あたしのネットショップが軌道に乗ったのだ。

あたしは、真っ白なシャツの胸を張るようにして、堂々と顔を上げた。

「静六ネコとおばあちゃんを、二人のおうちに送って行くんだもん。最高の服を着て、最高の運転で送っていってあげなくちゃ！」

「ま、運転は初心者マークだがにゃー……」

しれっとそんなことをいう静六ネコに、軽くパンチを入れる振りをする。

そのとき、道路のほうからエンジンの音が聞こえてきた。おばあちゃんの退院手続きに行っていたおかあさんが、おばあちゃんと一緒に帰ってきたんだ！　あたしは家の前で、お母さんと運転を交代して、おばあちゃんと静六ネコを二人の家に送っていくことになっている。二人を送っていくために、運転免許を取ったようなものだ。

思わず姿勢を正したあたしの横で、静六ネコが一歩、前脚を踏み出す。しかし、思い直したように前脚を戻し、ゆったりと座り直した後で、あたしを見上げた。

「美優、おまえはよく頑張ったにゃ。――**金儲けは、理屈ではなくて実際である。計画でなくて、努力である。予算でなくて、結果である。**いままで、そう教えてきたが……。これまで世話になった礼に、人生の最大幸福を教えてやるにゃ」

「えっ……？」

「人生の最大幸福は家庭生活の円満と職業の道楽化による。ワシは人間として生まれたときも、ネコとして生きるいまも、この二つを十二分に体得している。人生即努力、努力即幸福にゃ！」

「そうだね、静六ネコ！」

あたしは心からうなずいて、静六ネコに笑みを向けた。

お母さんの運転する車が家の前の砂利を踏んで近づいてくる。笑顔のお母さんと、顔をくしゃくしゃにして静六ネコを見ているおばあちゃんの顔が、はっきりと見える。

顔を上げるとすっきりと晴れた空に、銀杏の木が揺れている。

家の前にお母さんの車が止まる。エンジンが切れるのももどかしい様子で、助手席の扉が開いた。

[著者]
有我咲英　Sakie Ariga
福島県出身神奈川県在住。
作家・自己啓発小説家。
心に無理をしない節約方法で、地方都市のOLだった29歳にして、二千万円の貯金に成功。
退職後、別ペンネームでのエンターテイメント作家を経て、自己啓発小説家となる。会社役員、投資家でもあるパラレルキャリア。
お金を自然に貯める、かしこく増やす、満足感とともに使う。それにプラスして、稼ぐ力をつける！　のが、これからの素敵女性のテーマです。

[カバー写真協力]
nikon.neko.official
http://instagram.com/nikon.neko.official

ネコが教えるお金の話

2016年 8月 8日　初版発行

著　者　有我咲英
イラスト　はとやまいくこ
装　幀　藤井由美子
発行者　大森浩司
発行所　株式会社 ヴォイス　出版事業部
〒106-0031　東京都港区西麻布3-24-17 広瀬ビル
☎03-5474-5777（代表）
☎03-3408-7473（編集）
FAX 03-5411-1939
http://www.voice-inc.co.jp/
印刷・製本　株式会社光邦

ISBN978-4-89976-455-7